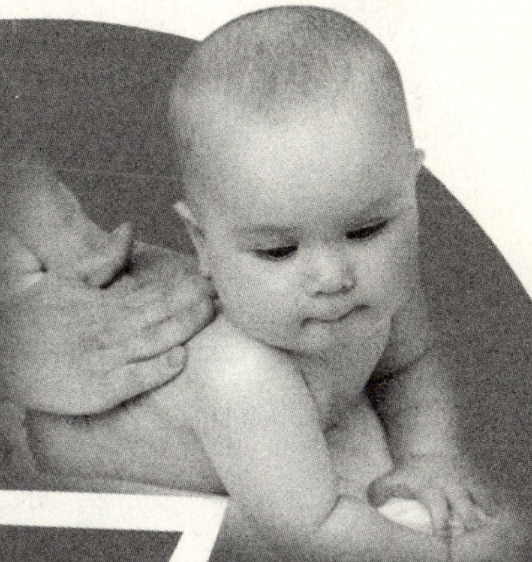

做孩子的按摩师

袁 烽 崔立津◎主编

ZUO HAIZI
DE ANMOSHI

湖北科学技术出版社

编委会

Foreword 前言

青少年时期是个体生长发育的重要阶段，对其一生至关重要。当今医学模式正由传统的单一的“生物模式”转向“社会—心理—生物模式”，这一模式的转变不仅是针对医生的观念，更是对患者和家属的观念的重大改变。拥有一些系统全面的医学知识应该成为每一个人的基本技能。

按摩疗法治疗儿科疾病有着悠久的历史和良好的疗效。将一些行之有效的方法教给家长，对孩子的健康和辅助治疗大有裨益。为更加体现儿科按摩的特点和本书的现代感，这本书与已经出版的同类其他书籍相比有如下几个特点：一是尽量简化复杂的手法，力争将最容易学习、操作且安全的方法教给家长，让家长一看就会，一用就见效；二是将穴位直接画在照片上，按图索骥，一目了然；三是不仅教授对疾病的治疗和预防的按摩，还教给了不同时期的健康按摩方法。更值得一提的是，本书第一次将学习障碍症这样的问题给出了按摩的防治方法，力求通过本书使家长成为孩子全方位的健康保护神。

需要说明的是，疾病的诊断和治疗一定是由医生来负责的，家长需要做的是参与及配合。通过学习本书的内容，家长可以更好地配合医生的治疗，但切切不可自作主张进行诊治。

本书的出版得到了很多中西医医师和热心人士的帮助，再次深表感谢！如果读者能从中受益，我们将深感荣幸！

由于我们水平有限，难免存在缺点和不当之处，敬请读者批评指正。

编　者

2013 年 1 月

目录

CONTENTS

Part 1

父母应会的按摩基本知识

一、小儿的生长发育规律

儿童的生长发育是一个连续渐进的过程，随着年龄的增长，儿童的解剖、生理、病理和心理等功能在不同阶段的表现与年龄有相关的规律性，家长了解这一规律对儿童的成长发育大有裨益。

1. 新生儿期

从现代医学——围产学科理论认知，自胎儿娩出脐带结扎时开始至 28 天之前为新生儿期。由于此时期在生长发育和疾病发生发展的方面具有非常明显的特殊性，因此列为婴儿期中的一个特殊时期。在此期间，小儿虽然脱离母体转而独立生存，所处的内外环境已发生根本性的变化，但其适应能力却很不完善。此外，在分娩过程中的各种损伤、继发的各类感染延续存在，先天性畸形等也常在此期间表现出来。

经过各学科专家们的讨论研究，综合相关指数，认为新生儿健康标准应具有以下 10 个方面。

（1）新生儿降生后先啼哭数声，后开始用肺呼吸。头两周每分钟呼吸 40~50 次。

（2）新生儿的脉搏以每分钟 120～140 次为正常。

（3）新生儿的正常体重为 3000～4000 克，低于 2500 克属于未成熟儿。

（4）新生儿头两天大便呈黑绿色黏冻状，无气味。喂奶后逐渐转为黄色(金黄色或浅黄色)。

（5）新生儿出生后 24 小时内开始排尿，如超过或第 1 周内每日排尿达 30 次以上，则为异常。

（6）新生儿体温在 37～37.5℃之间为正常。如不注意保暖，体温会降低到 36℃以下。

（7）多数新生儿出生后第 2～3 天皮肤轻微发黄，若在出生后黄疸不退或加深为病态。

（8）新生儿出生后有觅食、吸吮、伸舌、吞咽及拥抱等反射。

（9）给新生儿照射光可引起眼的反射。自第 2 个月开始起视线会追随活动的玩具。

（10）出生后 3~7 天新生儿的听觉逐渐增强，听见响声可引起眨眼等动作。

随着现代自然科学技术的发展，令人兴奋地注意到以下两点。

在妈妈子宫里：胎儿生长到 12～16 周时，就产生了触觉功能。当他的小手触摸到羊膜、膝盖碰到子宫壁等部位时，他都会有感觉，产生反馈式“胎动”等行为形式。同时，这样的刺激也唤醒了胎儿的神经末梢，尤其是使嘴巴周围的神经变得逐渐灵敏，导致嘴唇的功能越来越灵活，胎儿因此才具备了最早的生存行为之一——吮吸功能。然而子宫里的空间很狭小，因此胎儿和妈妈能够密切地连接在一起，也因此他的皮肤没有受到过外界的刺激。

小宝宝降生后：很多助产士和护士都发现，小宝宝们几乎都能注意到来自外界的第一次触摸。因此儿科和其他学科的专家，要求妈妈等亲属长辈们，应该尽可能地多抱抱小宝宝，帮他及时适应外界，感受并体会到“皮肤语言”。到了接受第一次体检（大约42天时），宝宝就能感受并适应到很多温柔的抚摸。有意思的是，尽管如此，当妈妈的手放在宝宝身上时，宝宝便能“亲近有别”体会出来。

2. 婴儿期

婴儿期指从出生到满1岁以前的这一段时期。是小儿出生后生长发育最迅速、变化最快的时期。这一阶段是婴儿个体身心发展的第一个加速时期。在这个阶段，婴儿不仅身体迅速长大，体重迅速增加，而且脑和神经系统也迅速发展起来。在此基础上，婴儿的心理也在外界环境刺激的影响下发生了巨大的变化。他们从吃奶过渡到断奶，学会了人类独特的饮食方式；从躺卧状态、不能自由行动发展到能够随意翻转身体、抬头寻音、用自己独特的方式表达和解决大小便、运用自己的双手去接触、摆弄物体和逐渐学会用两腿站立，并学习独立行走；从完全不懂语言、不会说话过渡到能运用语言进行最简单的交际、沟通等等。此阶段，由于各器官发育不够完善或健全，尤其是消化系统，在外界的美味诱惑和自身控制能力不强等情况下，常常难以适应对大量食物的消化吸收，容易发生营养和消化紊乱。同时，在正常情况下，由于断奶等原因，婴儿体内来自母体的抗体逐渐减少，自身的免疫功能又尚未成熟，抗感染能力较弱，周围环境和群体性的交叉影响，极易导致发生各种感染性和传染性疾病。

3. 学龄前期

3周岁后至7周岁为学龄前期。这一时期的小儿体格发育稳步增长，智能发育日趋完善，与同龄儿童和社会事务有了较广泛的接触，从各种渠道所获得的信息，使知识面进一步扩大，自理能力和初步社交能力能够得到锻炼及发挥。在这一时期，亲属长辈们要培养儿童形成良好的基本素质，包括增强体质、生活习惯、思想品德、早期教育等。父母们要注意的是，学龄前期儿童虽然发病率有所下降，但对在这一阶段仍然经常发病不愈的患儿，如反复呼吸道感染、哮喘、疳证、厌食等，应抓紧调治，以免将这些疾病迁延至学龄期。同时也要对可能出现或已出现的如小儿弱视、斜视、假性近视等症状，给予注意观察，重视诊治。

4. 学龄期

7周岁后至青春期前称做学龄期。此期儿童的体格生长变化相对缓慢，除生殖系统外，其他器官的发育到本期末已将接近成人水平。智能发育更为成熟，控制、理解、分析、综合等能力日益增强，能适应正规、正常的学习生活。随着体能上运动量的逐渐加强，这一时期儿童的发病率进一步下降，但如肾病综合征、哮喘、过敏性紫癜、风湿热和类风湿病、假性近视或近视、胃肠性、心理性等疾病好发于这个时期，预防和诊治工作应要针对性地开展，必要时进行预防性的干预，以防变化，造成后患。

5. 青春期

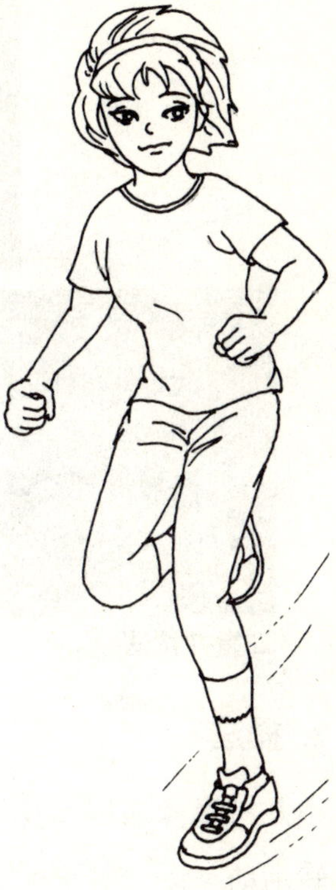

青春期的男、女个体差异较大，一般女孩自 11～12 岁到 17～18 岁，男孩自 13～14 岁到 18～20 岁。青春期开始阶段仍属于儿童范围。青春期是从儿童、少年到青年、成人的过渡时期，生殖系统发育逐渐趋于成熟，女孩子有了乳房发育、月经来潮等特殊现象，从心理、生理、性格、身体等方面形成女性形象。男孩精气溢泻，胡须、喉结的出现等，体格生长也出现了第二次变化高峰，体重、身材增长变化显著，心理变化也较大。近 10 多年来，儿童进入青春期的平均年龄已显提早的趋势。青春期生理、心理变化大，这一时期要做好生理保健、心理保健及相应疾病的防治。

二、小儿按摩的基本手法

医生用于治疗的小儿按摩手法很繁复，而且不正确的手法会伤害儿童的皮肤和肌肉，也会伤害家长的手。由于家长在家的按摩是作为孩子疾病治疗的辅助治疗，所以我们认为简单有效的手法最为适宜，只要学会按法、揉法、点法、推法和捏脊法，并把这些手法做好、做精，就能起到很好的治疗效果。

1. 按法

以指腹向下垂直用力，用力要由轻到重，稳而持续，达到肌肉即可。

在小儿按摩中最常用的是拇指按法和二指并按法、三指并按法。

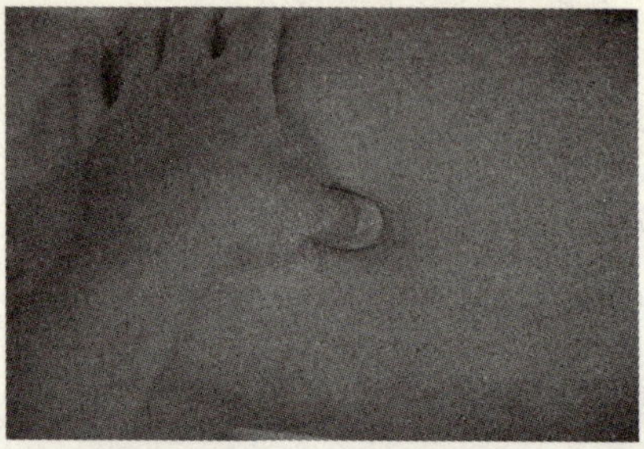
拇指按法

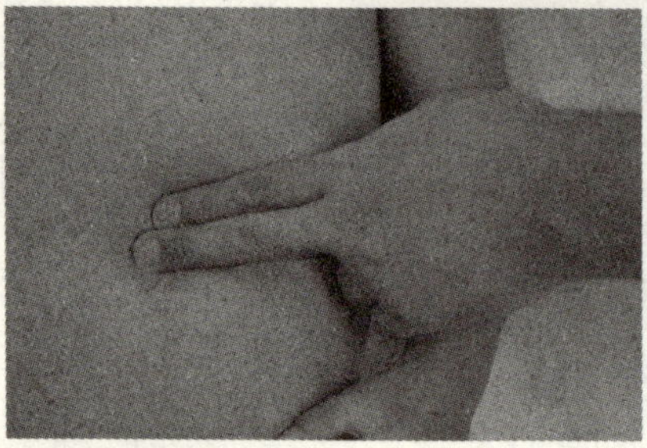
二指并按法

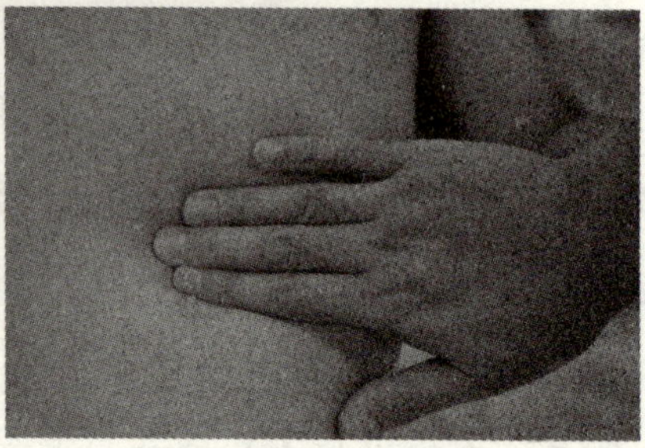
三指并按法

2. 揉法

小儿按摩揉法以指揉法为主。以指腹按在穴位上，或一定部位上，做轻柔环转活动。

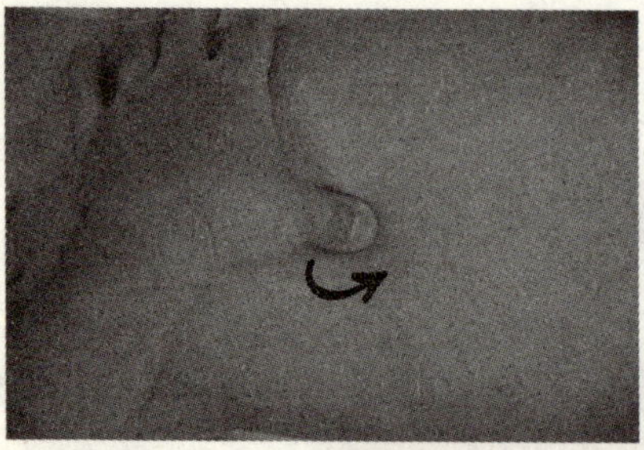
拇指揉法

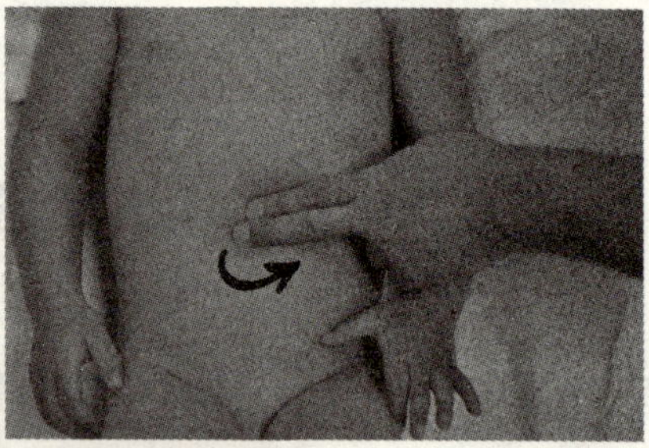
二指揉法

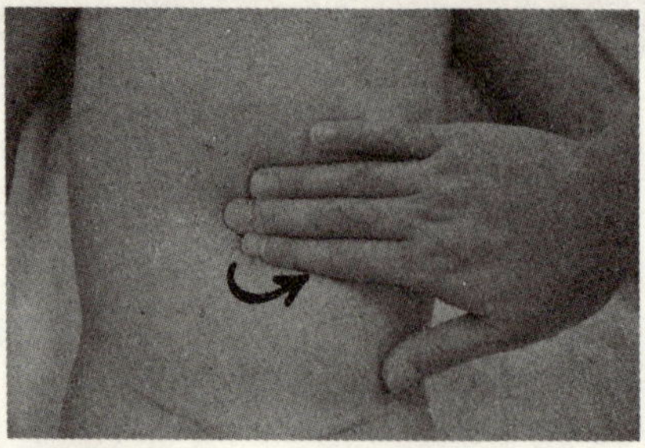
三指揉法

3. 点法

用手握空拳，拇指伸直并紧贴于食指中节的桡侧面，以拇指端为力点压于治疗部位。由于点法力量较重，一般用于较大儿童的肌肉丰厚处。

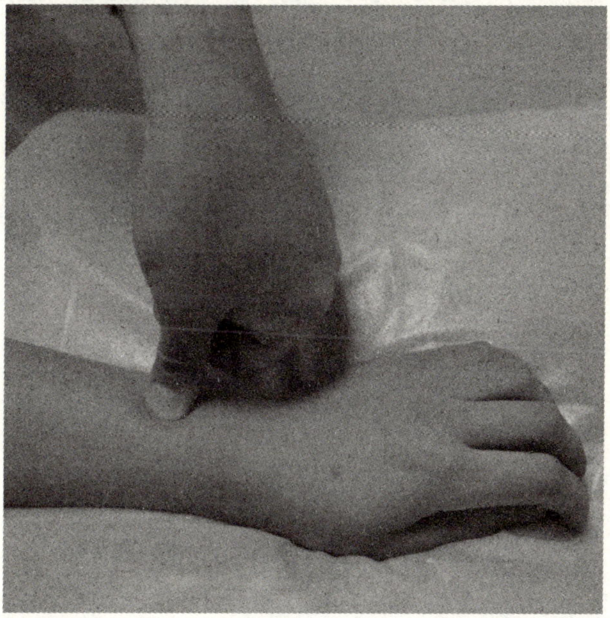

点　法

4. 推法

用拇指紧贴治疗部位，运用适当的压力，进行单方向的直线移动的手法称为推法。

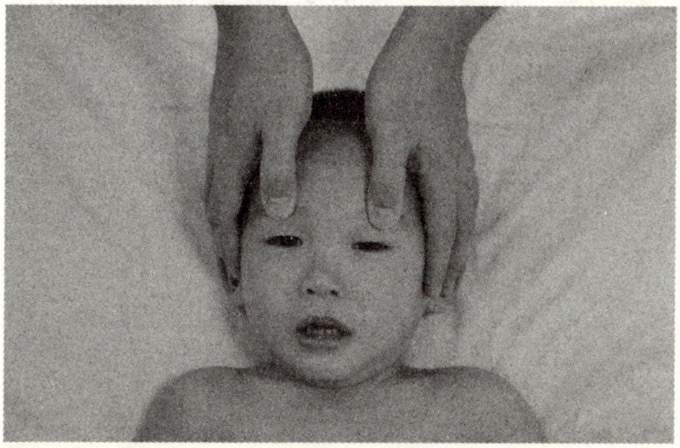

推　法

5. 捏脊法

小儿俯卧，施术者以食指、中指在上方，拇指在下方，先捏起尾骶部皮肤，然后边捏边向上推行至肺俞为一遍；第二遍在捏起时边捏边提，可听到“啪啪”的响声。如此 7 遍，逢单数不提、双数提。

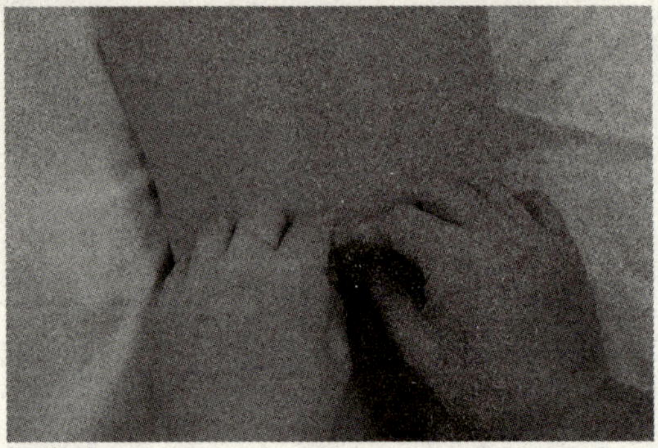

捏脊法

三、小儿按摩的常用穴位

穴位所用的寸不是我们常用的计量寸，是指“同身寸”，意为以患者本人体表的某些部位折定分寸，量取腧穴的长度单位。本书用的是“横指同身寸法”，也叫“一夫法”，是让患者将食指、中指、无名指和小指这四指并拢，以中指中节横纹处为准，四指横量作为 3 寸，食指与中指并拢为 1.5 寸。

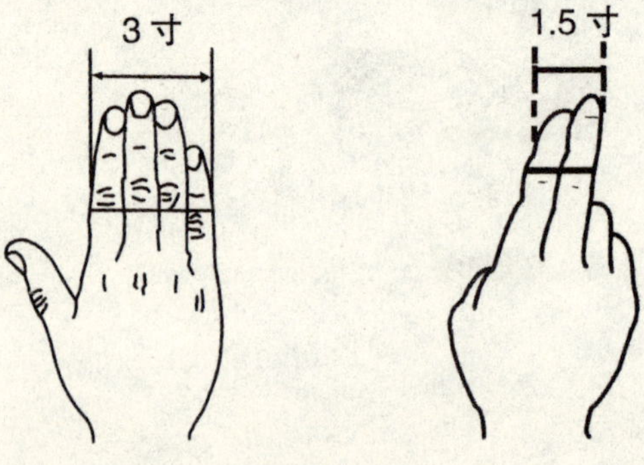

横指同身寸法

本书用到的按摩穴位说明如下。

1. 面部穴位

（1）太阳。

位置：太阳穴在耳郭前面，前额两侧，外眼角延长线的上方。

主治病症：头痛、偏头痛、眼睛疲劳、牙痛等疾病。

（2）印堂。

位置：位于人体的面部，两眉头连线中点。

主治病症：头痛，头晕，前头痛。

（3）攒竹。

位置：在面部，眉毛内侧边缘凹陷处。

主治病症：迎风流泪(俗称漏风眼)、眼睛充血、眼睛疲劳、眼部常见疾病、近视等。

（4）鱼腰。

位置：位于额部，瞳孔直上，眉毛中。

主治病症：目赤肿痛，眼睑下垂，近视，急性结膜炎。

（5）丝竹空。

位置：在眉梢凹陷处。

主治病症：目赤肿痛、眼睑闰动、头痛。

（6）阳白。

位置：在前额部，当瞳孔直上，眉上1寸处。

主治病症：头痛，目眩，目痛，视物模糊，眼睑闰动。

（7）四白。

位置：眼眶下缘正中直下一横指处。

主治病症：目赤痒痛，目翳，口眼歪斜，头痛眩晕。

（8）翳风。

位置：在耳垂后耳根部，颞骨乳突与下颌骨下颌支后缘间凹陷处。

主治病症：耳鸣、耳聋、口眼歪斜。

（9）睛明。

位置：目内眦角稍上方凹陷处。

主治病症：视物不明，目眩，近视，夜盲，色盲。

（10）神庭。

位置：头前部入发际 5 分处。

主治病症：目赤肿痛，目翳，雀目。

（11）人中。

位置：上嘴唇沟的上 1/3 与下 1/3 交界处。

主治病症：头面部疾病、急救要穴。

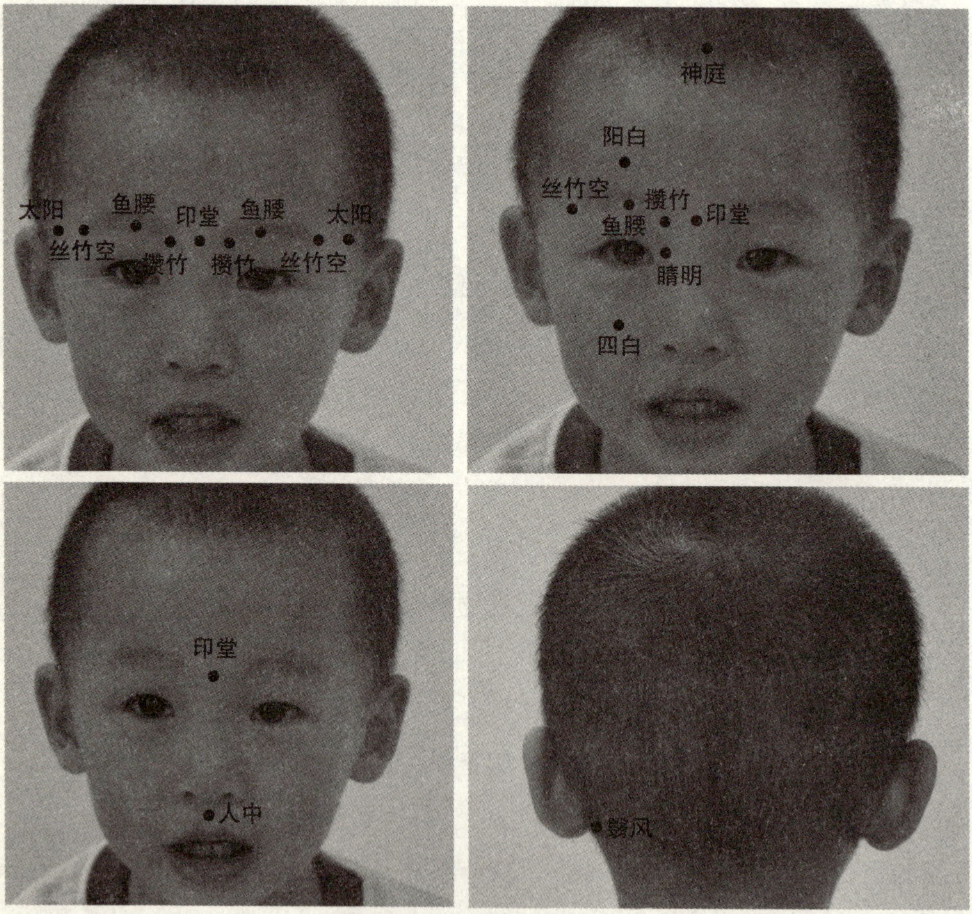

小儿按摩常用面部穴位图

2. 头部穴位

（1）百会。

位置：头顶正中线与两耳尖联线的交点处。

主治病症：头痛、近视等。

（2）风池。

位置：在头额后面大筋的两旁与耳垂平行处。

主治病症：头痛、视疲劳、颈部酸痛。

（3）风府。

位置：后背正中一条线，往上，在开始长头发的地方，也就是头发的边缘，用大拇指中间的关节在这个边缘向上比划一横指就是1寸（大拇指中间关节就是1寸）。

主治病症：头痛、项强，眩晕，咽喉肿痛，失音。

（4）哑门。

位置：位于项部，当后发际正中直上0.5寸，第1颈椎下。

主治病症：头痛、颈项强急。

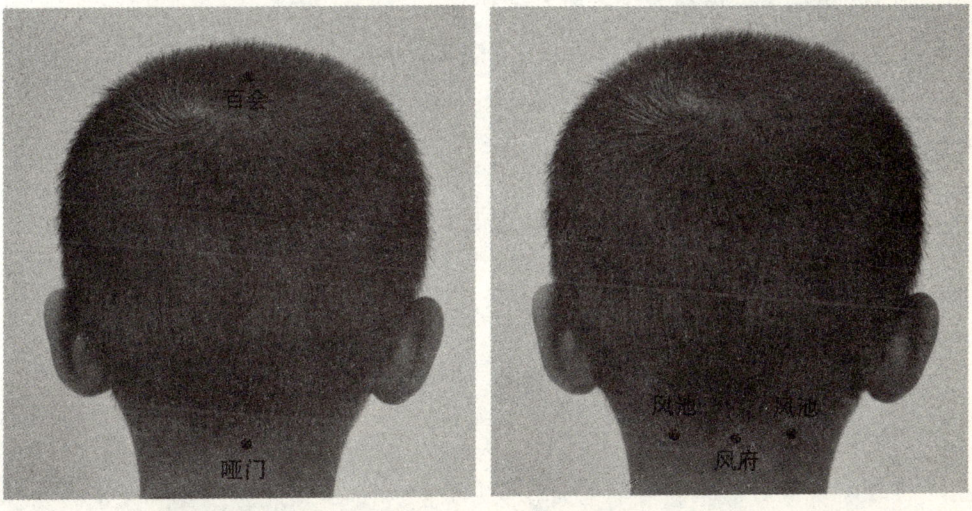

小儿按摩常用头部穴位图

3. 背部穴位

（1）肺俞。

位置：第 3 胸椎棘突，旁开 1.5 寸。

主治病症：肺经及呼吸道疾病，如肺炎、支气管炎。

（2）心俞。

位置：在背部，当第 5 胸椎棘突下，旁开 1.5 寸。

主治病症：惊悸、健忘、心烦、失眠、咳嗽以及风湿性心脏病、心动过速或过缓、心律不齐。

（3）膈俞。

位置：第 7 胸椎棘突，旁开 1.5 寸处。

主治病症：呃逆、气喘、咳嗽等。

（4）肝俞。

位置：第 9 胸椎棘突下，旁开 1.5 寸。

主治病症：目眩、脊背痛。

（5）脾俞。

位置：第 11 胸椎棘突下，旁开 1.5 寸。

主治病症：腹胀、腹泻、呕吐、痢疾等胃肠疾病。

（6）胃俞。

位置：第 12 胸椎棘突下，旁开 1.5 寸。

主治病症：胃炎、胃痉挛、呕吐、恶心等。

（7）肾俞。

位置：在第 2 腰椎棘突，旁开 1.5 寸处。

主治病症：补肾要穴、遗尿、腰痛。

（8）气海俞。

位置：在第 3 腰椎棘突，旁开 1.5 寸处。

主治病症：脘腹胀满、水谷不化、大便不通、泄痢不禁。

（9）膀胱俞。

位置：在骶部，当骶正中嵴旁 1.5 寸，平第 2 骶后孔。

主治病症：泌尿系统疾病及腰痛。

（10）命门。

位置：在第 2 腰椎与第 3 腰椎棘突之间。

主治病症：腰痛、肾脏疾病、疲劳感。

（11）长强。

位置：位于尾骨端与肛门之间。

主治病症：泄泻、便秘、腰脊痛。

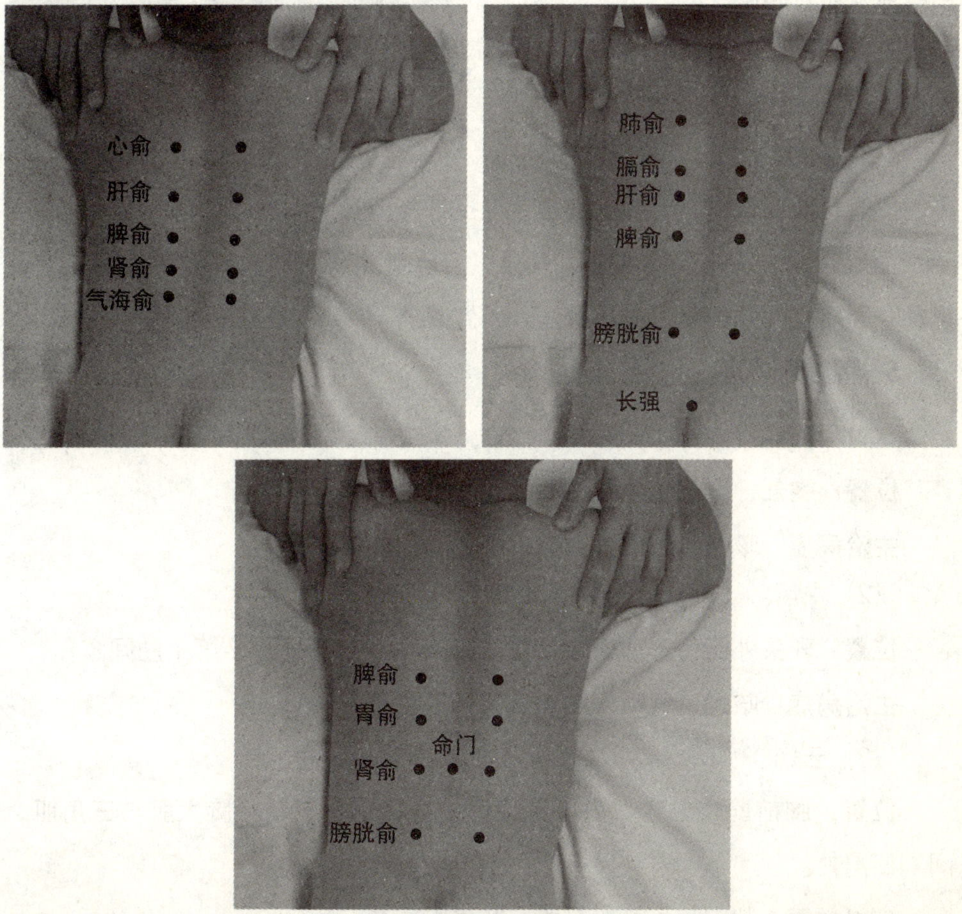

小儿按摩常用背部穴位图

4. 上肢穴位

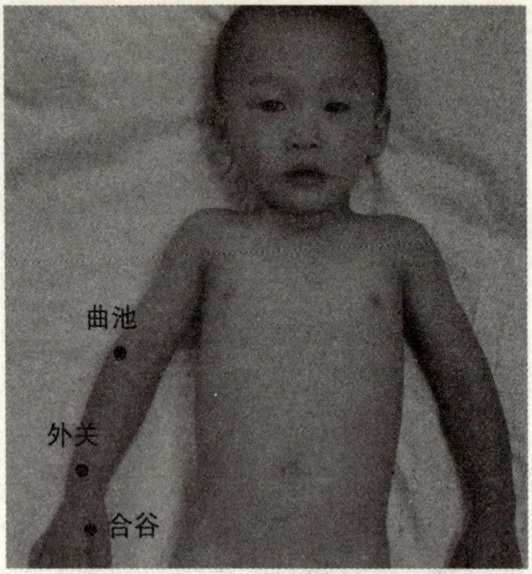

小儿按摩常用上肢穴位图

（1）曲池。

位置：人体曲池穴位于肘横纹外侧端，屈肘，当尺泽穴与肱骨外上髁连线中点。

主治病症：感冒、上肢疾病。

（2）合谷。

位置：位于手背虎口处，于第 1 掌骨与第 2 掌骨间陷中。

主治病症：手腕及臂部疼痛、感冒发热等症。

（3）外关。

位置：前臂背侧，手脖子横皱纹向上 3 指宽处。

主治病症：头痛、偏头痛、颊痛、目赤肿痛、耳鸣、耳聋等头面五官疾患及胁肋痛，上肢痹痛，肘部酸痛，手臂疼痛。

5. 胸腹部穴位

（1）华盖。

位置：胸部，当前正中线上，平第 1 肋间。

主治病症：咳嗽，气喘，胸痛，胁肋痛，喉痹，咽肿。

（2）中府。

位置：乳头外侧旁开两横指，往上直推 3 条肋骨处（平第 1 肋间隙）。

主治病症：咳嗽、气喘、胸满痛等肺部病证。

（3）云门。

位置：胸前壁外上方，肩胛骨喙突上方，锁骨下窝（胸大肌与三角肌之间）凹陷处。

主治病症：胸中热、胸中烦满、咳嗽、气喘

（4）膻中。

位置：前正中线上，两乳头连线的中点。

主治病症：咳嗽、气喘、气短、上气短气、咳逆、噎气。

（5）巨阙。

位置：前正中线上，当脐中上 6 寸。

主治病症：胸满气短，咳逆上气，腹胀暴痛，呕吐，呃逆，噎嗝，吞酸。

（6）上脘。

位置：上腹部，前正中线上，当脐中上 5 寸。

主治病症：胃脘疼痛，腹胀，呕吐，呃逆，纳呆，食不化。

（7）中脘。

位置：上腹部，前正中线上，当脐中上 4 寸。

主治病症：胃脘痛，腹胀，呕吐，呃逆，翻胃，吞酸，纳呆，食不化，疳积等消化系统疾病。

（8）神阙。

位置：在腹中部，脐中央。

主治病症：绕脐腹痛，水肿鼓胀，脱肛，泄利，便秘。

（9）水分。

位置：前正中线上，当脐中上 1 寸。

主治病症：水肿，小便不通，腹泄，腹痛，反胃，吐食。

（10）气海。

位置：前正中线上，当脐中下 1.5 寸。

主治病症：脘腹胀满，水谷不化，大便不通，泄痢不禁，遗尿。

（11）关元。

位置：前正中线上，脐下 3 寸。

主治病症：泌尿、消化系统疾病。

（12）中极。

位置：在下腹部，前正中线上，当脐中下 4 寸。

主治病症：生殖器疾病、泌尿疾病、尿频、尿急。

（13）曲骨。

位置：腹下部耻骨联合上缘上方凹陷处。

主治病症：遗尿、五脏虚弱。

（14）天枢。

位置：脐中旁开 2 寸。

主治病症：腹痛、腹胀、便秘、腹泻、痢疾等胃肠病。

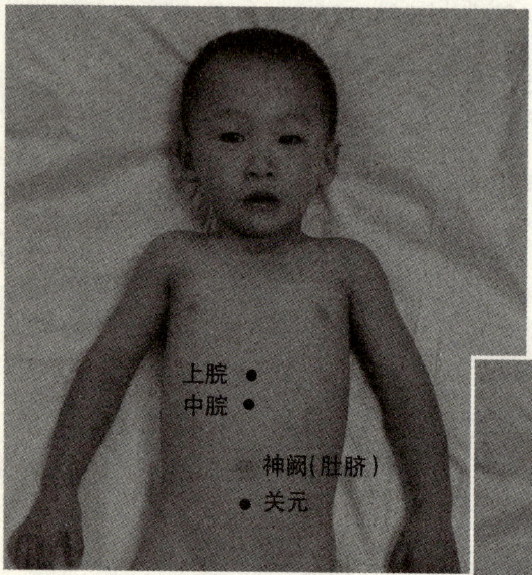

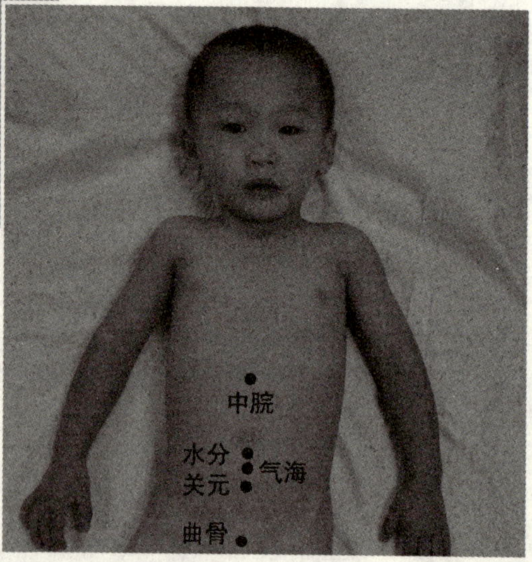

小儿按摩常用胸腹部穴位图(一)

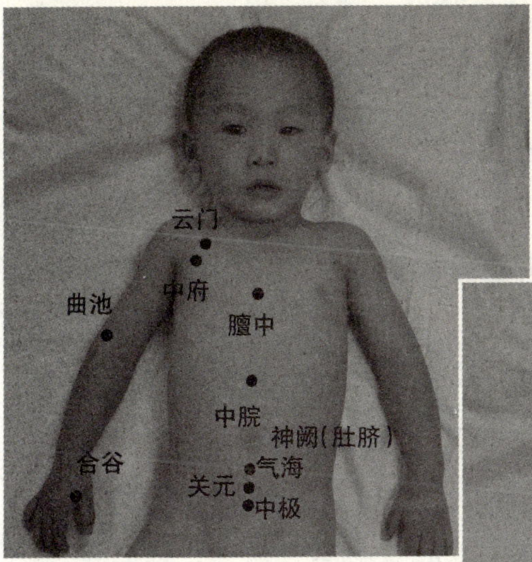

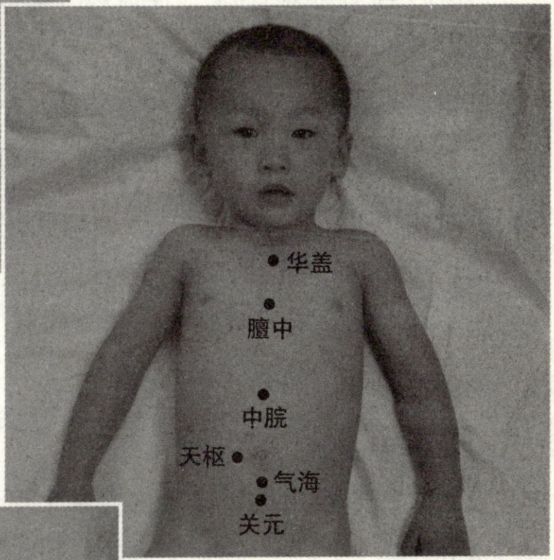

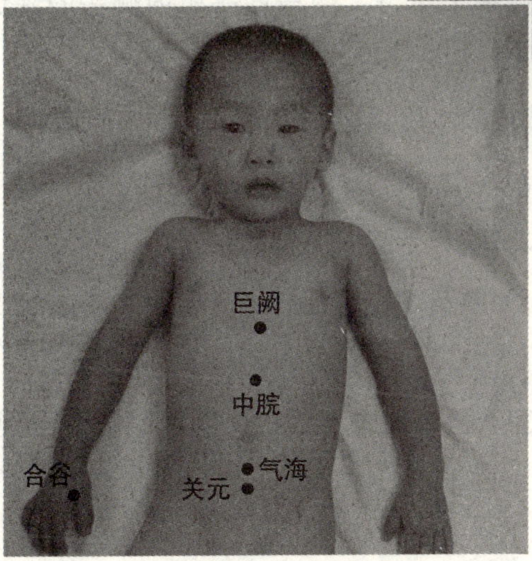

小儿按摩常用胸腹部穴位图(二)

6. 下肢穴位

（1）环跳。

位置：侧卧屈股，股骨大转子最凸点与骶管裂孔连线的外 1/3 与中 1/3 交点处。

主治病症：腰胯疼痛、下肢痿痹等腰腿病症。

（2）足三里。

位置：外膝眼下四横指、胫骨边缘。从下往上触摸小腿的外侧，左膝盖的膝盖骨下面，可摸到凸块（胫骨外侧髁）。由此再往外，斜下方一点之处，还有另一凸块（腓骨小头）。这两块凸骨以线连结，以此线为底边向下作一正三角形。而此正三角形的顶点，正是足三里穴。

主治病症：胃痛、呕吐、腹胀、肠鸣、消化不良、下肢痿痹、泄泻、便秘、痢疾、疳积。

（3）血海。

位置：在大腿内侧，髌底内侧端上 2 寸，当股四头肌内侧头的隆起处；屈膝取穴。

主治病症：股内侧痛，膝关节疼痛；腹痛，体倦无力，便溏腹泻等。

（4）委中。

位置：腘横纹中点，当股二头肌腱与半腱肌肌腱的中间。

主治病症：腰背痛、下肢痿痹等腰及下肢病证。

（5）承山。

位置：小腿后面正中，当伸直小腿或足跟上提时腓肠肌肌腹下出现尖角凹陷处。

主治病症：腰背痛、腰腿痛。

（6）阳陵泉。

位置：在小腿外侧，当腓骨头前下方凹陷处。

主治病症：下肢痿痹，麻木，膝膑肿痛。

（7）阴陵泉。

位置：在小腿内侧，当胫骨内侧髁后下方凹陷处。

主治病症：泌尿系统疾病及肾病。

（8）三阴交。

位置：在小腿内侧，当足内踝尖上 3 寸，胫骨内侧缘后方；正坐屈膝成直角取穴。

主治病症：腹痛，肠鸣，腹胀，泄泻，便溏。

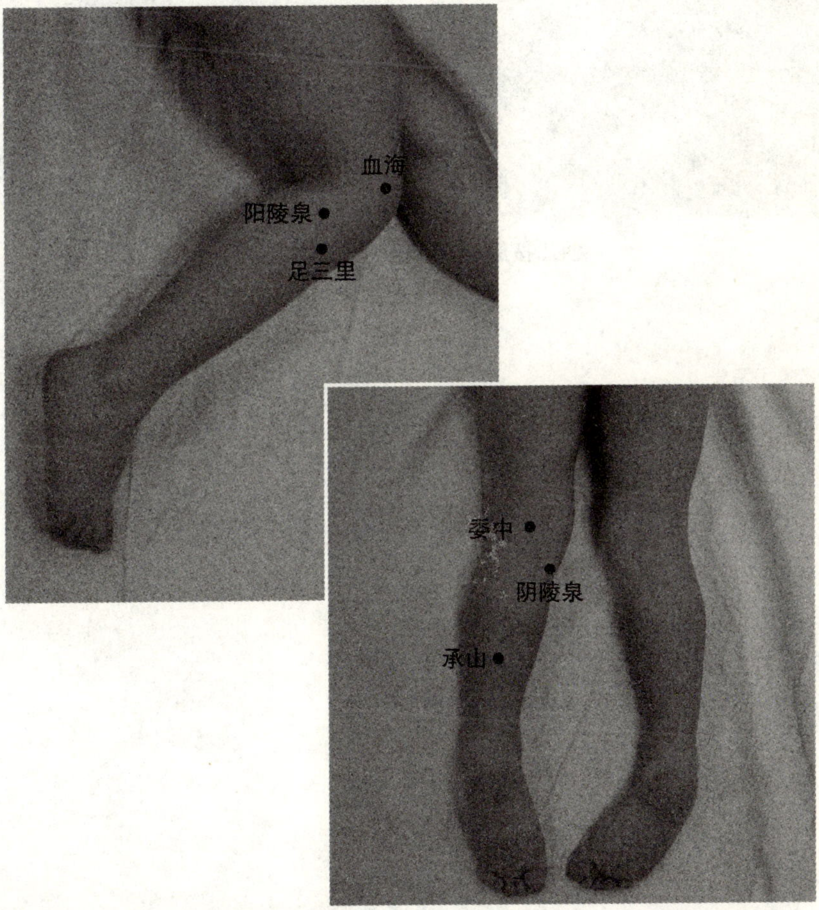

小儿按摩常用下肢穴位图（一）

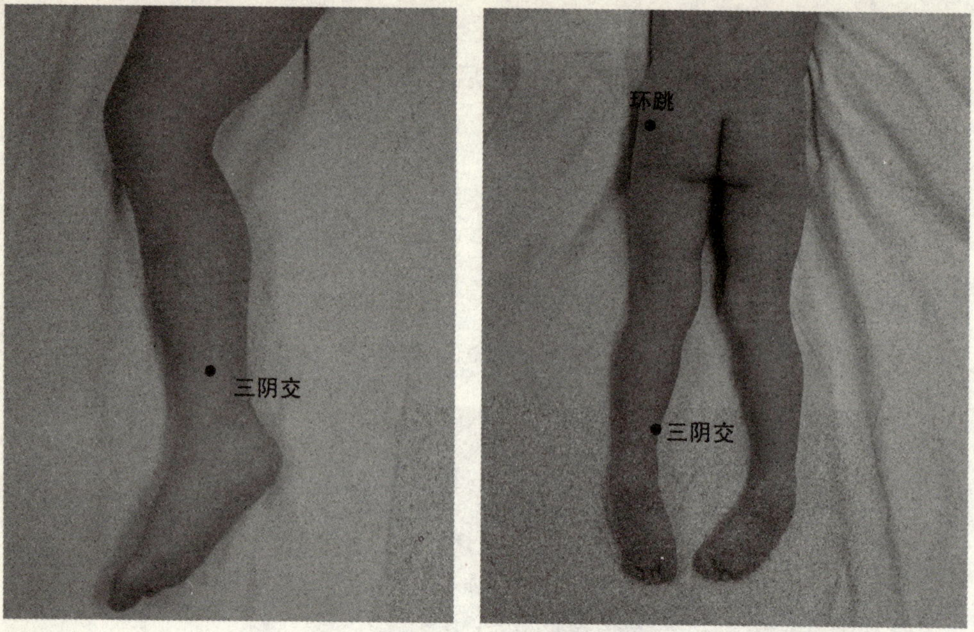

小儿按摩常用下肢穴位图(二)

Part 2

小儿不同生长时期的健康按摩

一、新生儿的健康按摩

新生儿回家后，应该积极保暖，房间阳光充足，温度和湿度适宜。出生体重在 2000 克以下的婴儿应不予洗澡，只用消毒的植物油清洁皮肤皱褶处。虽然母亲在腹中孕育自己的婴儿达 40 周之久，但大多数妇女分娩后第 1 次接触自己的孩子时，仍会对婴儿感到很陌生。父母最初只是小心、试探性地接触婴儿，然后，逐步进入父母的角色，更多、更好地表达他们的爱抚。婴儿渐渐也会对父母的爱抚给予回报，如睁开眼睛与之对视、微笑，或发出愉快的声音。低体重儿出生后多被留在医院，置于婴儿室的暖箱中护理，因此，往往得不到正常孩子应获得的各种良性刺激与爱抚。孩子回家时，婴儿对父母来说似乎是个陌生人。所以新生儿期的按摩主要是加强与新生儿的交流，

按摩还能帮助宝宝睡眠，减少烦躁情绪，增进和父母的感情，同时按摩具有帮助宝宝加快新陈代谢、减轻肌肉紧张等功效。通过对宝宝皮肤的刺激使身体产生更多的激素，促进对食物的消化、吸收和排泄，加快体重的增长。

从婴儿出生的第二天起，就可以给婴儿按摩，母亲是最理想的抚触者。给宝宝按摩最好每天一次，最佳按摩时间为喂奶 1 小时后，否则宝宝会吐奶。室温最好在 25～28℃之间，室内光线不要太亮。按摩者不要留长指甲，接触宝宝身体之前首先要让自己的双手温暖起来。

这一时期的按摩手法宜轻，甚至在刚出生的那段时间可以以抚摸代替，顺序从头开始，依次上肢——胸腹——背——下肢。全程 10 分钟即可。

二、婴儿期的健康按摩

婴儿期是小儿出生后生长发育最迅速、变化最快的时期，身体迅速长大，体重迅速增加，而且脑和神经系统也迅速发展起来。此阶段，由于各器官发育不够完善或健全，尤其是消化系统容易发生营养和消化紊乱。同时，在正常情况下，由于断奶等原因，婴儿体内来自母体的抗体逐渐减少，自身的免疫功能又尚未成熟，抗感染能力较弱，周围环境和群体性的交叉影响，极易导致发生各种感染性和传染性疾病。所以这一时期的按摩主要是提高免疫力和抗病能力、促进神经系统发育和胃肠消化吸收功能。

这一时期的按摩手法宜轻，顺序从头开始，依次上肢—胸腹—背—下肢。重点按摩风池、百会、中脘、足三里穴。全程 15 分钟即可。

三、学龄前期的健康按摩

一般把3～6 岁儿童称为学龄前期，这是一段对智力发展很重要的时期，现代研究认为：3 岁前后是口语发展的关键时期；4 岁左右是形象视觉发展的关键时期；4～5 岁是开始学习书面语言的关键地期；6～8 岁是学习外语的关键时期。

学龄前期儿童的健康与否，不仅是家长们关心的内容，也是国家社会关注的民生大计。为此，收集、研究后，科学地认为一些主要方面的数据和指标如表 1。

表 1　学龄前期（3~6 岁）儿童健康发展模式

	项目			要求
生理需求发展模式	体格	身高	男	102.9～105.0 厘米
			女	101.6～104.0 厘米
		体重	男	16.7～20.0 千克
			女	16.0～19.0 千克
	神经	脑重		1280 克（6 岁时接近成人脑重的 90%）
		定向反射		
	骨骼			6 岁长出一颗恒牙
	免疫			自身免疫快速增长，但不成熟
	消化			易发生偏食、引起营养不良
	皮肤			皮肤屏障作用继续加强，但仍易发生湿疹等皮肤损伤

续表

心理与技能需求发展模式	肢体动作	能协调多个行动
	精细动作	能用铅笔、剪刀，能拼图板
	视觉	能辨认字母和数字，会辨别是否相配
	听觉/语言	会听故事，会给颜色命名
	情绪/社交	学习得体的行为，喜欢成为众人注意的中心
	智力/逻辑	知道物体之间是有关系的，会分类形状、颜色和大小，更有解决问题的能力
	自立	自己组织游戏，思维灵活、有条理
	创新/创造力	会简单的计算题，能从歌曲中体会出欢乐和悲伤，能想象出新的形象

家长们可以通过表1比对自己的孩子是否符合上述范畴，不足或欠缺的方面就一目了然了。

学龄前期儿童活动能力较强，智识已开，求知欲旺盛，虽然随着体质增强发病率有所下降，但也要根据这一时期的特点，保障儿童身心健康成长。

除进行科学的体格锻炼、早期教育等外，保护健康、预防疾病仍是家长们考虑或担忧的主要问题之一。这一时期的儿童发病率虽然有所下降，但毕竟儿童的身心状态仍处于“脏腑娇嫩，形气未充”阶段。所以要充分利用孩子体质增强的时机，尽可能根治某些疾病。防病的根本措施除加强锻炼、增强体质外，也要注意调摄寒温、调节饮食、避免意外、讲究卫生。对幼儿期患病未愈的孩子要抓紧调治，家长们也可在按摩医生的指导下，用中医按摩疗法间接或直接的预防或配合治疗一些常见病症。

对反复呼吸道感染儿童除辨证调补、改善体质、减少发病外，家长可用食指、中指，轻轻揉点面部的迎香、承泣、印堂穴位，颈胸结合部的天突、背部的肺俞、咳喘等穴位；用双手食指、中指轻揉点脐周及腹部和足三里等穴位。达到改善症状，帮助消化，增强体质等作用。

哮喘缓解期除扶正培本、控制发作外，亦可采用上述方式配合治疗。

厌食患儿除调节饮食，调脾助运，增进食欲外，家长可用双手食指、中指轻揉点脐周及腹部和足三里，背部的脾俞、胃俞等穴位。达到增进食欲、开胃消食、帮助排便等作用。

疳证患儿除食疗、药治兼施，健脾开胃外，亦可采用上述方法配合，以消除瘀积，促进生长发育等等。

另外，儿童的视力变化，如弱视、斜视、假性近视等也在此期间开始逐渐多发出来。家长们的观察责任因此十分重大，如何防治，后有专述。

四、青春期的健康按摩

青春期主要指从少年儿童阶段向青年人阶段的发展过程期。此期的人群多以中学生为主。青春期是身心发育的重要阶段，对其进行青春期健康保护，使其健康成长，是学校、家庭和社会的共同责任。

青春发育期的划分，目前各国没有统一的规定，就多数国家而言，一般都定为 10~20 岁。我国采用的也是这一划分方法。这一划分方法是针对多数人的，个别人有可能提前或延后一两年。

进入青春期，由于神经和内分泌的影响，人体的形态和功能都出现显著的变化。这些明显的变化，主要表现在以下 3 个方面。

（1）身体外形上的变化。如身高、体重的迅速增长；由第二性征引起的身体外形变化尤为显著，如女性皮下脂肪的增厚、乳房的隆起，男性喉结的突起、胡须的长出等等。

（2）内脏功能的健全。如肺活量的加大、心脏收缩力的提高、肌肉力量的发展、脑皮质兴奋与抑制过程的平衡等等。

（3）性的萌发与成熟。如女性的月经初潮、男性的遗精等等。

中学生及小学高年级学生正处于青春发育时期，这一时期，毫不夸张地说，它是决定一个人一生的体格、性格、智力等的关键时期。我们应从医学健康的一些方面出发，科学地、健康地、绿色环保地帮助这些青春期中的人群，使他们顺利地度过这人生的黄金年代。

青春发育时期人群虽然有了上述的变化，但并不能就说明他们的健康没问题。从新生儿期直至发育前可能尚未治好的诸多病症，在青春期的特殊阶段可能有所减轻或者暂时无临床表现，所以家长们仍要注意观察，小心防治，不可掉以轻心。

而现实社会生活中诸多的诱惑或行为，对青春发育时期人群的影响，并没有因为他们尚未进入社会而有所减轻，特别是健康方面，反而呈上升趋势。所以同样应引起家长和社会的关注。

因此，我们对临床常见的一些病症，提出一些简单易行的按摩健康疗法，供家长和青春发育时期人群选择使用。

1. 头昏头痛

原因：轻微感冒，长期低头（脑供血不足），学习时间太长，颈椎病，近视眼等。

操作：双大拇指揉点双太阳穴位；双大拇指或双食指揉点攒竹、印堂、百会、风池、合谷等穴位；用双手十指曲成梳子状，从头前部梳行到头后部；用双手十指尖，轻轻敲击头部的不同部位；抚摸双侧耳垂，发热为佳。这些方法可调节头部神经功能，促进血液循环，提高血氧量，改善眼、耳等的疲劳状况。

2. 手指麻木

原因：颈椎压迫神经所致，上肢疲劳（姿势过久）。

操作：单手在头后部，虎口朝下，大拇指、食指分开，从上向下揉捏颈部肌肉，双手交替使用；单手揉捏对侧颈肩部位，可点、揉肩井等穴位。这些方法可放松肌体群，促进血液循环，调节颈肩部位的神经系统，改善人体“瓶颈”部位的疲劳。

3. 腹胀或兼便秘

原因：久坐，运动量少，饮食结构欠佳等。

操作：坐、卧时均可操作。用食、中、无名三指放于脐部，从左向右，从小到大，圆形揉动 36 圈，然后再反向从右向左，从大到小，最后停在脐部结束；加点、揉足三里、血海等穴位。此法可帮助脾胃功能，促进肠蠕动，顺气排便等。

4. 痛经

原因：受凉，劳累等。

操作：坐、卧时均可操作。取脐下部位，双手搓热，用食、中、无名三指放于脐部，从左向右，从小到大，圆形揉动 36 圈，然后再反向从右向左，从大到小，最后停在脐部结束；加点、揉血海、三阴交等穴位。这样可温经止痛，活血化瘀。

5. 腰酸背痛

原因：久坐疲劳。

操作：适当参加体育活动，如单杠上引体向上运动，睡木板床、双手搓热抚摩腰部、腰部保暖等。

Part 3

小儿常见病的家庭按摩

一、感　冒

感冒也称“急性上呼吸道感染”，是小儿最常见的疾病，主要侵犯鼻、鼻咽和咽部，涉及邻近器官如喉、气管、肺、口腔、鼻窦、中耳、眼以及颈淋巴结等。有时鼻咽部原发病的症状已好转或消失，而其并发症可迁延或加重，故必须对上呼吸道感染及其并发症的临床特点作全面的观察和分析，以便早期诊断，早期治疗，提高疗效，切不可认为是日常小病而轻率对待。

1. 临床表现

由于年龄大小、体质强弱、病原体及病变部位的不同，病情的缓急、轻重程度也不同，年长儿症状较轻，婴幼儿则较重。

2. 症状

（1）鼻塞、流涕。极轻症只有鼻塞、流清鼻涕、喷嚏等。重症鼻涕往往由稀薄变成黏稠。

(2) 咳嗽。轻症患儿仅见微咳或咽部不适。重症则咳嗽频繁。

(3) 发烧。轻症发热可持续 2～3 日至 1 周左右，高低不等。重症起病体温就可达 39～40℃或更高，并伴有怕冷、头痛、睡眠不安、全身无力、不想吃东西。有时高热达 1～2 周，偶可长期低热数周至数月。婴幼儿上感重症，常见高热抽风、多见于起病后 1～2 日、热退后惊厥（即抽风)，以及其他神经症状都迅速消退。

(4) 嗓子痛。轻症上感如感染涉及鼻咽部或咽部。可见到咽痛、扁桃体炎。咽部及咽后壁充血微红。重症可见咽部微红，并有疱疹和溃疡，有时红、肿疼痛非常明显，扁桃体出现滤泡性脓性渗出物。

(5) 颌下淋巴结肿大。轻症淋巴结可稍有肿大。重症显著肿大、压痛明显。

除上述常见症状外，婴儿时期的急性上呼吸道感染常常出现消化道症状，一般轻症患儿就可有呕吐、腹痛。较严重症状中，可发生急性腹痛，有时腹痛很厉害，一般都在肚脐这个部位或其周围，无压痛，多数在发病早期出现，为暂时性的。对这些消化道症状要引起注意，有时可误诊为原发性胃肠病。

3. 鉴别诊断

(1) 与流感鉴别。流感有明显流行病史，多有全身症状如高热、四肢酸痛、头痛等，可有衰竭状态，一般鼻咽症状如鼻分泌物多和咳嗽等，则较全身中毒症状为轻。

(2) 与消化系统疾病鉴别。婴幼儿时期的上呼吸道感染，往往有消化道症状，如呕吐、腹痛、腹泻等，可误诊为原发性胃肠病。

(3) 与过敏性鼻炎鉴别。有些“感冒”患儿的全身症状不重，常打喷嚏、流清涕、鼻黏膜苍白水肿，则应考虑过敏性鼻炎，在鼻拭涂片检查时，如见嗜酸粒细胞增多，可助诊断。此病在学龄前及学龄儿童多见。

(4) 从血象鉴别。发热较高。白细胞数较低时，应考虑常见的急性病毒性上呼吸道感染，并根据当地流行情况及患儿接触史，排除流感、麻疹、疟疾、伤寒、结核病等。白细胞持续性增高时，一般考虑细菌感染，但在病毒感染早期也可高达 15×10^9 升左右，但中性粒细胞则很少超过 75%。白细胞特别高时，则须排除细菌性肺炎和百日咳等。急性咽炎伴有皮疹、全身淋巴结肿及肝脾肿大者，应检查异常淋巴细胞除外传染性单核细胞增多症。

4. 治疗

（1）取穴。太阳（双）、印堂、风池（双）、风府、肺俞（双）、曲池（双）、合谷（双），捏脊法。

（2）手法。揉、按、点、推、捏脊法。

（3）方法。

①仰卧位，双拇指揉太阳 2 分钟，再揉印堂 2 分钟，继之以双拇指从印堂沿眉框推到太阳 1 分钟。

②按曲池半分钟，再揉 2 分钟。

③按合谷半分钟，再揉 2 分钟。

④俯卧位，双拇指点风池 1 分钟，揉 1 分钟。

⑤点风府 1 分钟。

⑥捏脊。

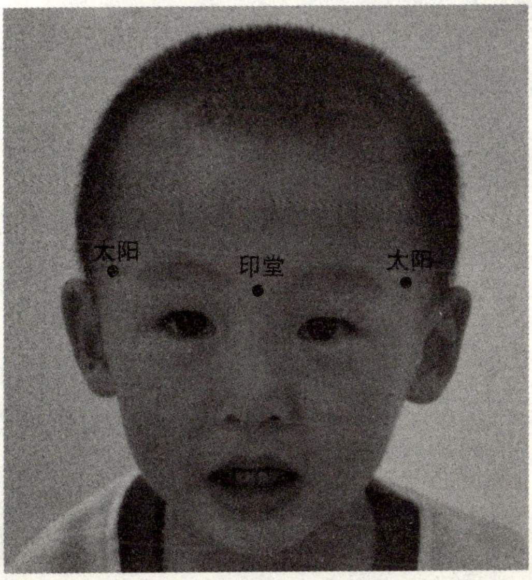

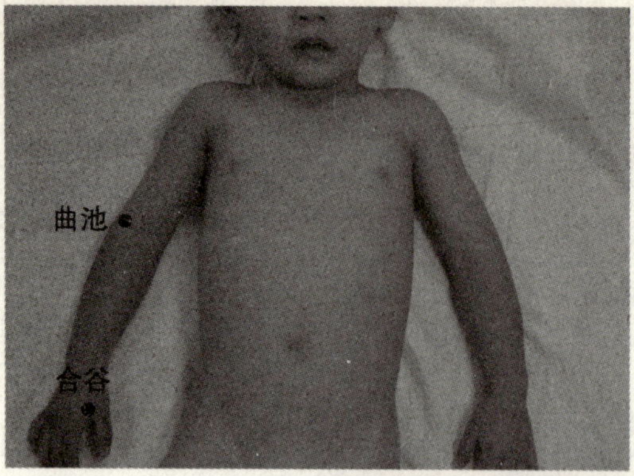
曲池
合谷

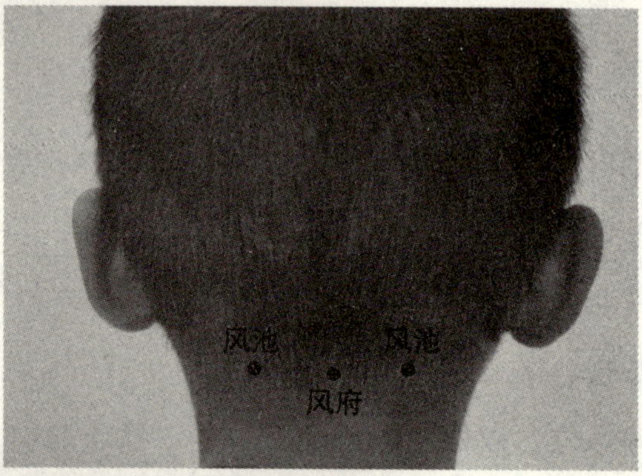
风池
风池
风府

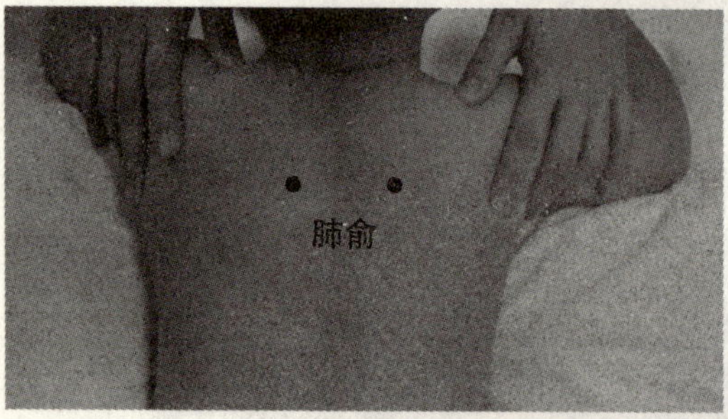
肺俞

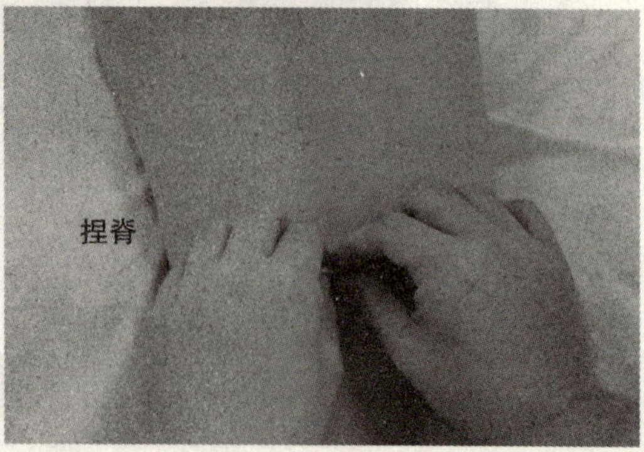
捏脊

二、小儿咳嗽（急性支气管炎、毛细支气管炎）

小儿咳嗽是人体的一种保护性呼吸反射动作。咳嗽的产生，是由于当异物、刺激性气体、呼吸道内分泌物等刺激呼吸道黏膜里的感受器时，冲动通过传入神经纤维传到延髓咳嗽中枢，引起咳嗽。儿童常见的咳嗽原因多由急性支气管炎和毛细支气管炎引起。

1. 临床表现

（1）急性支气管炎。发病可急可缓。大多先有上呼吸道感染症状，也可忽然出现频繁而较深的干咳，以后渐有支气管分泌物，在胸部可听到干、湿啰音，以中等不泡音为主，偶可限于一侧。婴幼儿不会咳痰，多经咽部吞下。症状轻者无明显病容，重者发热38～39℃，偶达40℃，多2～3天即退。感觉疲劳，影响睡眠食欲，甚至发生呕吐、腹泻、腹痛等消化道症状。年长儿再诉头痛及胸痛。咳嗽一般延续7～10天，有时迁延2～3周，或反复发作。

（2）毛细支气管炎。毛细支气管炎的病变主要发生在肺部的细小支气管，也就是毛细支气管，所以病名为“毛细支气管炎”，通常是由普通感冒、流行性感冒等病毒性感染引起的并发症，也可能由细菌感染所致，是小儿常见的一种急性下呼吸道感染。毛细支气管炎，不同于一般的气管炎或支气管炎，临床症状像肺炎，但以喘憋为主，此病多发生在2.5岁以下的小儿，80%在1岁以内，多数是6个月以下的小儿。毛细支气管炎发病可急可缓。大多先有上呼吸道感染症状，也可忽然出现频繁而较深的干咳，以后渐有支气管分泌物。婴幼儿不会咳痰，多经咽部吞下。症状轻者无明显病容，重者发热38～39℃，偶达40℃，多2～3天即退。感觉疲劳，影响睡眠食欲，甚至发生呕吐、腹泻、腹痛等消化道症状。年长儿再诉头痛及胸痛。咳嗽一般延续7～10天，有时迁延2～3周，或反复发作。如不经适当治疗可引起肺炎，白细胞正常或稍低，升高者可能有继发细菌感染。身体健壮的小儿少见并发症，但在营养不良、免疫功能低下、先天性呼吸道畸形、慢性鼻咽炎、佝偻病等患儿中，不但易患支气管炎，且易并发肺炎、中耳炎、喉炎及副鼻窦炎。容易并发支气管肺炎、支气管扩张、慢性支气管炎、肺气肿和肺心病。

2. 治疗

（1）取穴。风池（双）、风府、肺俞（双）、脾俞（双）、中府（双）、云门（双）、中脘、曲池（双）、合谷（双），捏脊法。

（2）手法。揉、按、点、推、捏脊法。

（3）方法。

① 仰卧位，双手食指和中指并揉指中府、云门 2 分钟，再食指和中指并按中脘 2 分钟。

② 按曲池半分钟，再揉 2 分钟。

③ 按合谷半分钟，再揉 2 分钟。

④ 俯卧位，双拇指点风池 1 分钟，揉 1 分钟。

⑤ 点风府 1 分钟，揉 1 分钟。

⑥ 双手拇指揉肺腧、脾俞各 2 分钟。

⑦ 捏脊。

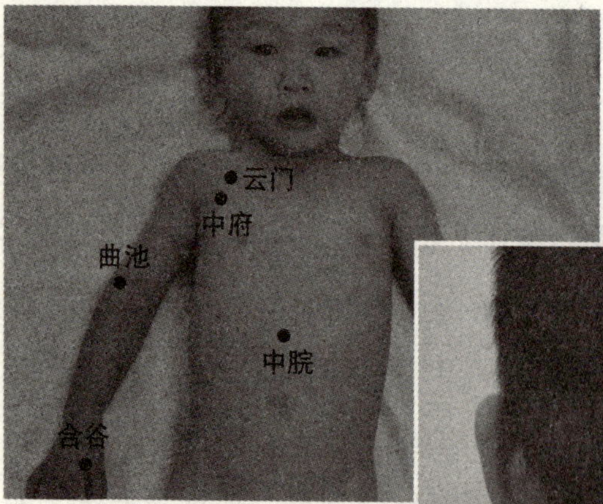

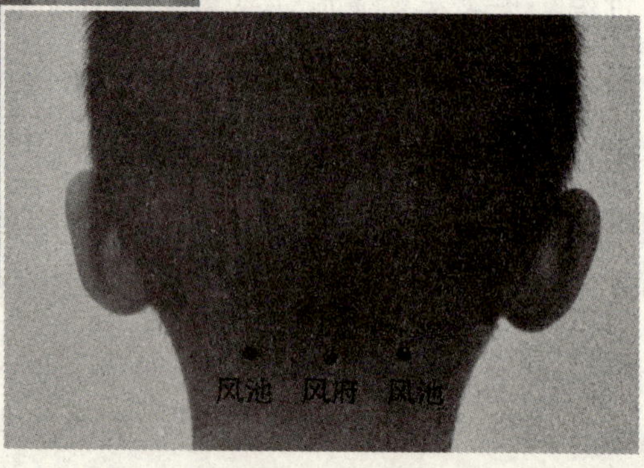

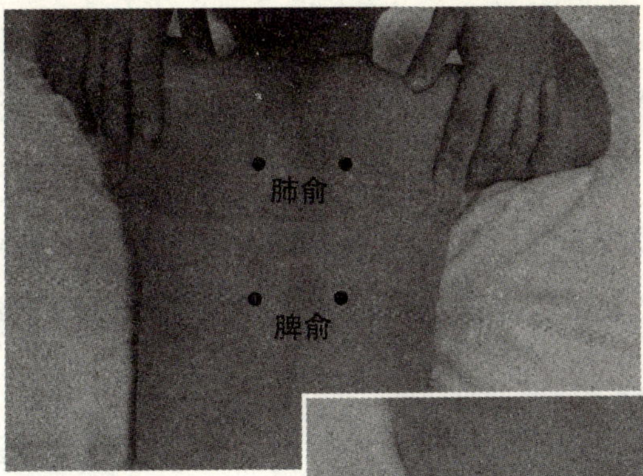

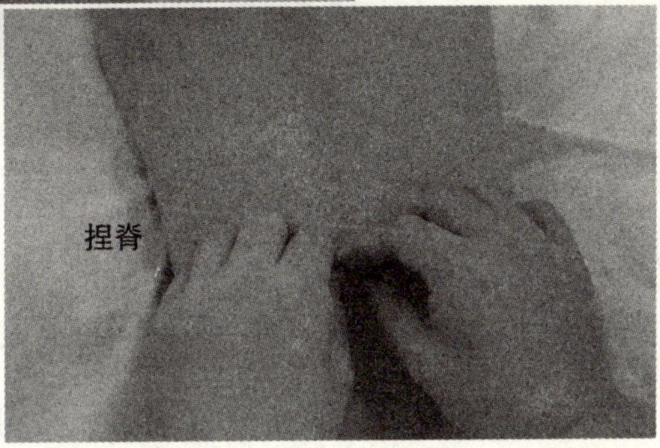

三、哮　　喘

支气管哮喘是儿童最常见的慢性呼吸道疾病之一，是由多种细胞，包括炎性细胞（嗜酸性粒细胞、肥大细胞、T淋巴细胞、中性粒细胞等）、气道结构细胞（气道平滑肌细胞核上皮细胞等）和细胞组分参与的气道慢性炎症性疾病。这种慢性炎症导致易感个体气道高反应性，当接触物理、化学、生物等刺激因素时，发生广泛多变的可逆性气流受限，从而引起反复发作的喘息、咳嗽、气促、胸闷等症状，常在夜间和（或）清晨发作或加剧。其病因复杂，危险因素很多，由遗传和环境因素共同作用致发病。本病多为多基因遗传性疾病，约20%病人有家族史。多数患者有婴儿湿疹、过敏性鼻炎或和食物（药物）过敏史；部分患儿伴有轻度免疫缺陷，如IgG亚类缺陷病、补体活性低下等。发病常与环境因素（过敏原吸入、感染、环境污染、香烟暴露等）有关。

1. 临床表现

（1）症状。反复发作性喘息、咳嗽、气促、胸闷，常在夜间或清晨发作或加重。经治疗后可在较短时间内缓解，部分自然缓解。慢性咳嗽有时是儿童哮喘的唯一症状，即咳嗽变异性哮喘。严重病例，可表现呼吸困难、烦躁不安和语言不连贯。如完全不能说话或意识丧失，则为哮喘危急状态，可迅即危及生命。

多与接触变应原、冷空气、物理、化学性刺激、呼吸道感染以及运动等有关。

（2）体征。典型体征是双肺可闻及散在或弥漫性，以呼气相为主的哮鸣音，呼气相延长。严重患儿可出现呼吸浅快、发绀、三凹征，两肺广泛哮鸣音。如呼吸音遥远或听不到哮鸣音，则提示气道严重阻塞，应引起足够重视。

（3）哮喘预测。以下方法能有效地用于预测 3 岁内喘息儿童发展为持续性哮喘的危险性。在过去 1 年喘息≥4 次，具有 1 项主要危险因素或 2 项次要危险因素。

主要危险因素包括：

① 父母有哮喘病史；

② 经医生诊断为特应性皮炎；

③ 有吸入变应原致敏的依据。

次要危险因素包括：

① 有食物变应原致敏的依据；

② 外周血嗜酸性粒细胞≥4%；

③ 与感冒无关的喘息。

（4）分期。哮喘可分为急性发作期、慢性持续期和临床缓解期三期。

急性发作期：是指突然发生喘息、咳嗽、气促、胸闷等症状，或原有症状急剧加重。

慢性持续期：是指近 3 个月内不同频度和（或）不同程度地出现过喘息、

咳嗽、气促、胸闷等症状。

临床缓解期：指经过治疗或未经治疗症状、体征消失，肺功能恢复到急性发作前水平，并维持3个月以上。

2. 治疗

【急性期】

（1）取穴。华盖、中府、云门、膻中、中脘、肺俞、膈俞，捏脊。

（2）手法。按、揉。

（3）方法。

① 患儿仰卧，按华盖、中府、云门、膻中、中脘各2分钟，揉膻中2分钟，揉华盖、中府、云门、中脘各3分钟。

② 俯卧：按肺俞、膈俞各2分钟，并揉3分钟。

③ 捏脊。

【缓解期】

（1）取穴。中府、云门、膻中、中脘、关元、肺俞、脾俞、膈俞、肾俞，捏脊。

（2）手法。按、揉。

（3）方法。

① 患儿仰卧：按中府、云门、膻中、中脘各2分钟，揉膻中2分钟，揉中府、云门、中脘、关元各3分钟。

② 俯卧：按肺俞、脾俞、膈俞、肾俞各2分钟，并揉3分钟。

③ 捏脊。

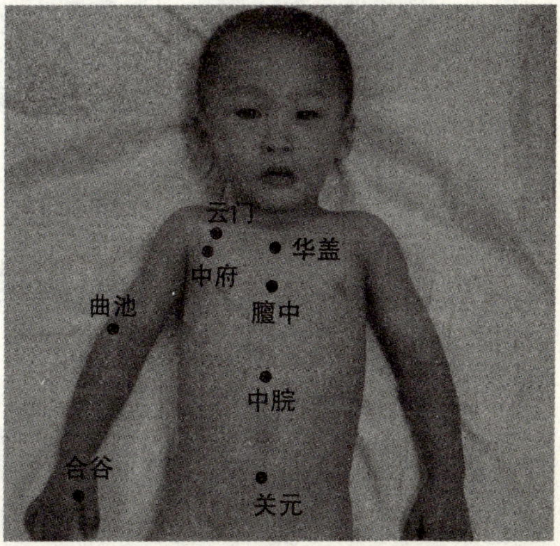

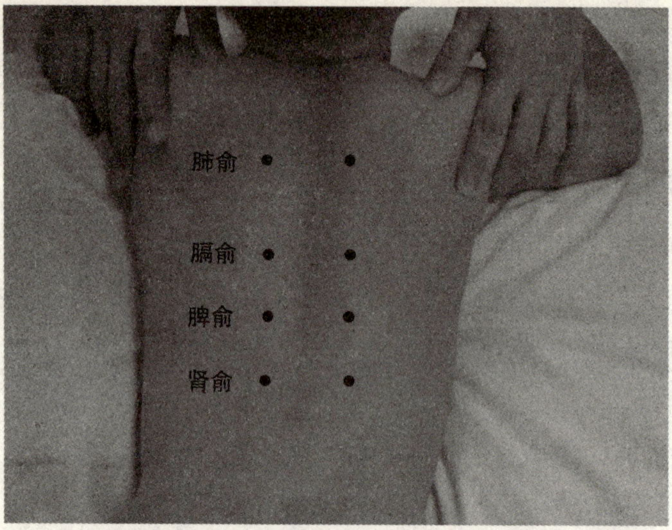

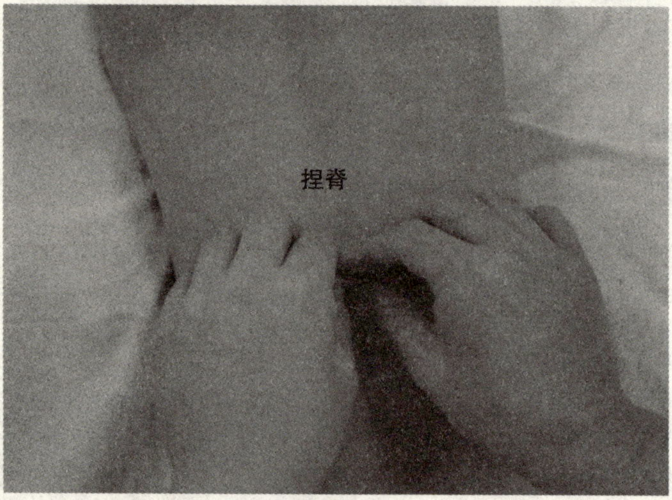

四、小儿消化不良

小孩的消化器官发育还不完善，消化液分泌也不充足，酶的功能也不完善，胃及肠道内黏膜柔嫩，消化功能还比较弱，如果父母不能正确的喂养孩子，什么都给孩子吃，使孩子饮食的质和量不当，损伤了肠胃，孩子就会出现肚子胀、吐奶、大便稀，有酸臭味，并有大量未消化的食物残渣的表现。由喂食不当、胃肠道炎症、滥用抗生素、胃肠受凉等引起。

1. 临床表现

（1）腹泻。消化不良分单纯性消化不良和中毒性消化不良。单纯性消化不良的表现是一天腹泻在10次以下，大便黄色或带绿色，水分不多，腹部胀气，偶有呕吐，有时发热，但不太高，病儿食欲缺乏但精神尚好。中毒性消化不良者病情较严重，发病突然，热度较高，每天排便一般在20次左右，亦有次数更多者。大便常呈水状或呈蛋花汤状，无里急后重（下坠）感。呕吐频繁，每天可在10次以上，造成严重脱水。病儿甚至抽风，意识消失，如不及早治疗，可造成死亡。

（2）大便恶臭。伴随少许不消化食物残渣时，虽未稀泄，已有伤食泄之先兆，此时应马上减少饮食量，予以调整，可避免泄泻的发生。

（3）拒食。当小儿偶然有一顿食欲减退、拒食或食不香甜。

（4）夜卧不宁。烦啼、手心热、踢被揭衣，刚入睡时头汗多，为饮食过多积滞肠胃而产生内热，面颊潮红。小儿停食可以表现为午后、晚上面颊潮红。伤食重小儿之面颊燎红，表现为面部皮肤粗糙，环境稍热面部燎红更甚。

（5）口臭。乳食积滞于胃脘，往往先发生口臭，特别是晨起口臭口酸为乳食停滞的表现，临床称此为高位停食。

2. 治疗

（1）取穴。上脘、中脘、脾俞、胃俞，捏脊。

（2）手法。揉。

（3）方法。

① 患儿仰卧，揉上脘、中脘各5分钟。

② 俯卧：揉脾俞、胃俞各5分钟。

③ 捏脊。

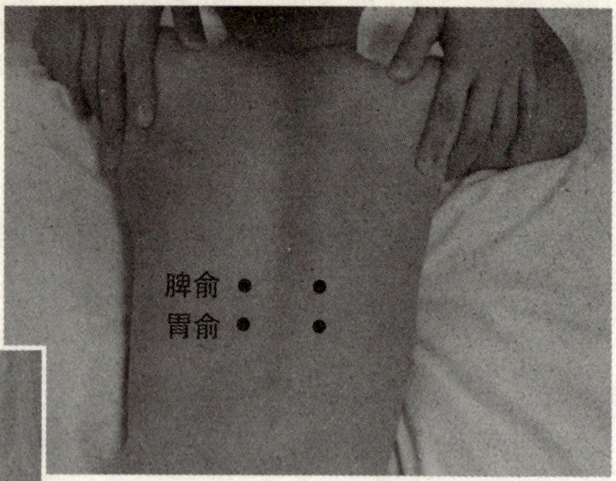

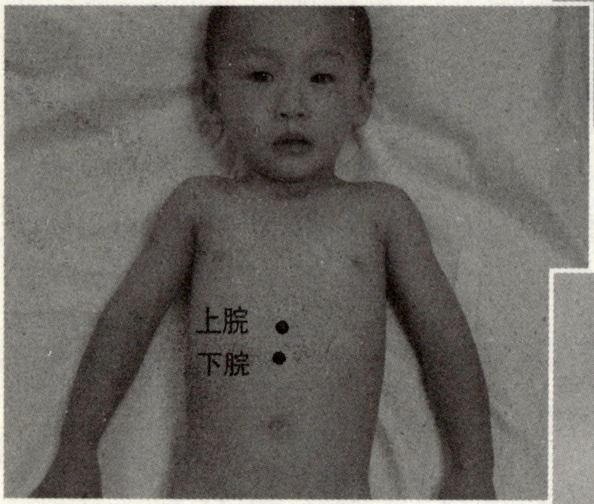

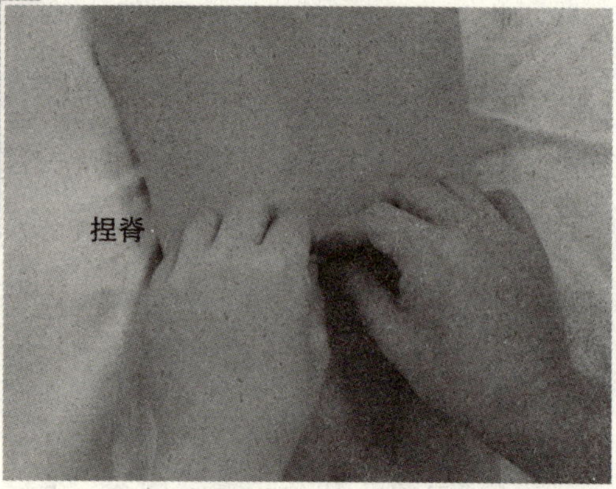

五、小儿胃炎

小儿胃炎是一种发病于年龄较小的儿童的消化系统疾病，临床上的发病率也是极高的。过去人们只是重视胃炎在成人中的发病，对小儿胃炎的认识不足，且存在误区，单纯地认为小儿胃肠症状出现多以胃肠功能紊乱、脾胃不和、肠痉挛的原因。

1. 病因

（1）不良饮食习惯。如有些家长早餐给小儿吃油条、煎馒头等不易消化的食物，或空胃时喝冷饮、吃冷食，或整天零食不断，均可使胃液及胃酸分泌失调，影响胃窦黏膜的营养，日久便会导致胃窦炎。

（2）卫生习惯不好。如不刷牙、饭前便后不洗手、不剪指甲，食物易被细菌感染，若感染幽门螺杆菌，就可导致胃窦炎。

（3）挑食或偏食。小儿长期挑食，易引起多种维生素、必需矿物质等营养素缺乏，从而会影响胃窦的正常功能,日久也可导致胃窦炎。

（4）用药不当。有些小孩因病经常服用吲哚美辛（消炎痛）、激素、阿司匹林和抗生素等对胃有刺激作用的药物，易损伤胃黏膜，诱发胃窦炎。

（5）与小儿平常缺乏体育锻炼、疲劳过度和精神紧张也有一定的关系。

（6）幽门螺杆菌（HP）感染。1983 年澳大利亚学者发现病原菌，20 世纪 90 年代在儿童中进行逐步深入研究，发现小儿胃炎中 50% 病人幽门螺杆菌检查结果为阳性。且有一定的遗传因素，发现有家庭聚集现象：父母 HP 阳性，子女 HP 检查阳性率明显增高。此外胃肠功能不好如慢性腹泻，营养不良等病人，HP 感染明显。

2. 症状

小儿慢性胃炎最常见的症状是反复腹痛，腹痛多为持续性隐痛或阵发性痉挛性腹痛，可发生在餐前或餐后，也可发生在夜间或毫无规律。

3. 治疗

（1）取穴。脾俞、胃俞、上脘、中脘、足三里、捏脊法。

（2）手法。按、揉、点、捏脊法。

（3）方法。

① 食指、中指并按上脘、中脘各 2 分钟，揉 2 分钟。

② 按揉足三里 2 分钟。

③ 俯卧位，双拇指点脾俞、胃俞 2 分钟，揉 2 分钟。

④ 捏脊。

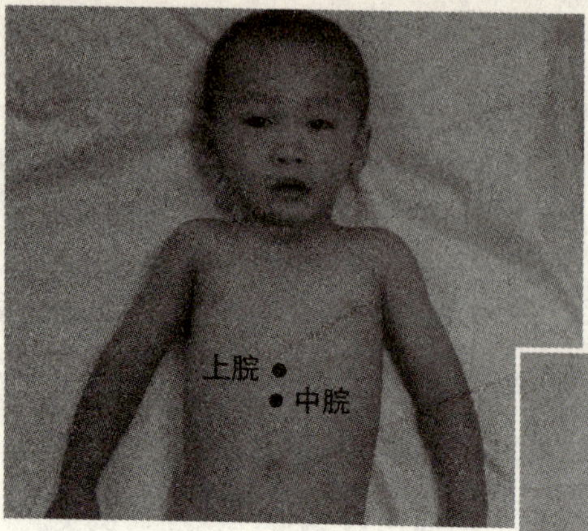
上脘
中脘

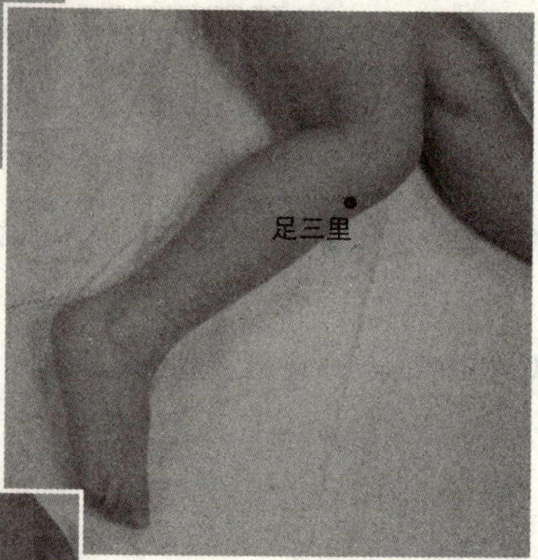
足三里

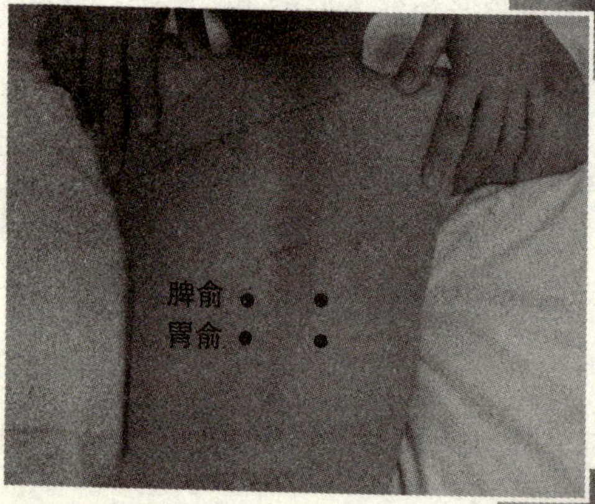
脾俞
胃俞

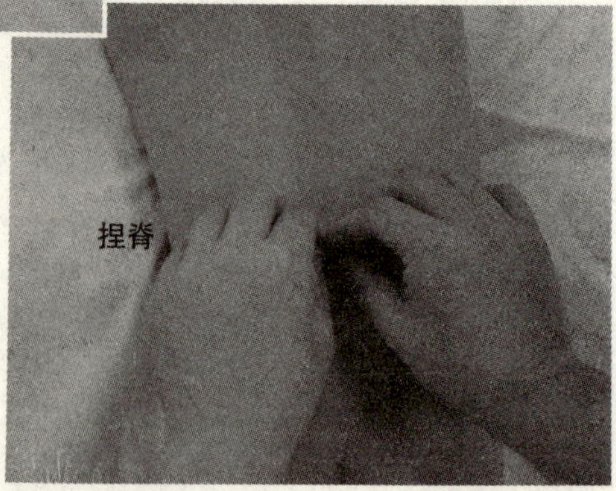
捏脊

六、便　　秘

小儿在不同年龄有着不同的便秘原因，绝大多数的便秘都是功能性的。小孩是否便秘，不能只依据排便频率为标准，而是要对小孩大便的质和量进行总体观察，并且要看对小孩的健康状况有无影响。每个小孩各自身体状况不同，因而每日正常排便次数也有差别。例如，完全食母乳的小孩每日排便次数可能较多，用牛奶及其他代乳品喂养的小孩则可能每日排便 1 次或 2～3 日 1 次，只要性状及量均正常，小孩又无其他不适，就是正常的。

1. 症状

如果孩子出现以下情况，那就要考虑小孩是不是出现便秘了。

（1）大便量少、干燥。

（2）大便难于排出，排便时有痛感。

（3）腹部胀满、疼痛。

（4）食欲减退。

2. 原因

（1）饮食因素。婴儿饮食太少，饮食中糖量不足，均可以造成消化后残渣少，大便量少。饮食中蛋白质含量过高使大便呈碱性、干燥，次数减少。食物中含钙多也会引起便秘，如牛奶含钙比人奶多，因而牛乳喂养比母乳喂养发生便秘的机会多。

（2）膳食纤维。摄入不足因为很多小孩不爱吃蔬菜，喜欢高脂肪、高胆固醇的食品，一些缺乏健康知识的家长又不知道引导，这样造成肠胃蠕动缓慢，消化不良，食物残渣在肠道中停滞时间过久，从而引起便秘。

（3）习惯因素。由于生活没有规律或缺乏定时排便的训练，或个别小儿因突然环境改变，均可出现便秘。

（4）疾病。佝偻病、营养不良、甲状腺功能低下的患儿腹肌张力差，或肠蠕动减弱，便秘比较多见。肛裂；肛门周围炎症，大便时肛门口疼痛，小儿因怕痛而不解大便，导致便秘。先天性巨结肠的患儿，生后不久便有便秘、腹胀和呕吐。腹腔肿瘤压迫肠腔时大便不能顺利通过，也可引起便秘。

3. 治疗

(1) 取穴。脾俞（双）、胃俞（双）、肾俞（双）、中府（双）、云门（双）、中脘、关元，捏脊法。

(2) 手法。揉、按、点、推、捏脊法。

(3) 方法。

① 双手食指和中指并揉中府、云门 2 分钟，再用食指和中指并按中脘、关元各 2 分钟。

② 俯卧位，双拇指点脾俞、胃俞、肾俞 2 分钟，揉 2 分钟。

③ 捏脊。

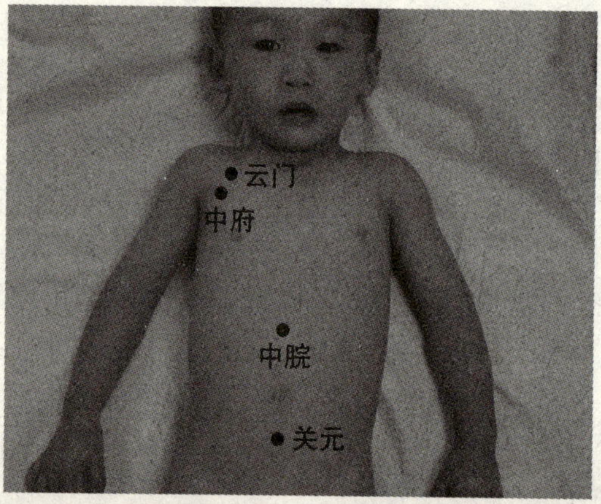

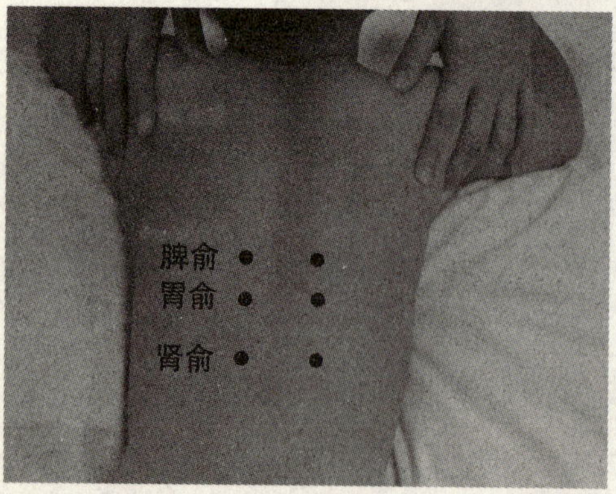

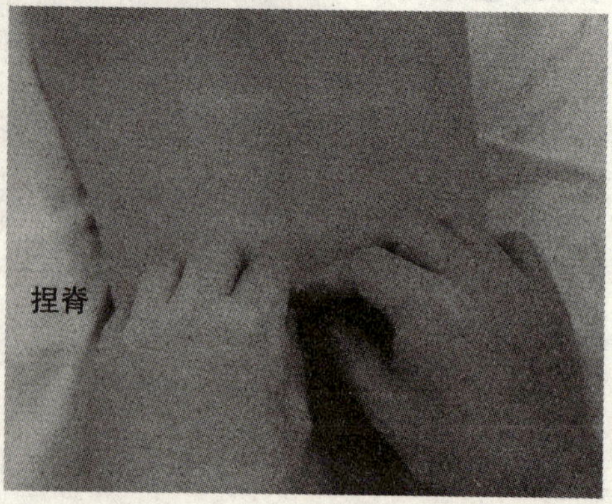

七、生 长 痛

生长痛是指儿童的膝关节周围或小腿前侧疼痛，这些部位没有任何外伤史，活动也正常，局部组织无红肿、压痛。检查之后，孩子患有其他疾病的可能性被排除了，即可以被认为是生长痛。生长痛的发生多因孩子活动量相对较大，长骨生长较快，与局部肌肉筋腱的生长发育不协调，导致了生理性疼痛的发生。生长疼痛多发于5~10岁正在长个子的小朋友身上。

1. 原因

生长痛是儿童骨骼生长迅速而四肢长骨周围神经、肌腱、肌肉生长相对较慢，因而产生牵拉痛，加之过度活动，或发育中组织代谢产物过多，引起酸性代谢产物堆积，也可造成肌肉酸痛。还有些儿童学步时小腿胫骨较弯曲，人体代偿性地出现一定程度膝关节外翻。随身体生长，少数幼儿没有得到及时矫正，为保持关节稳定，腿部肌肉常保持紧张状态便出现疼痛。

2. 特点

多为下肢疼痛和肌肉性疼痛，多在晚间发病。生长痛最常见的发生部位在膝、小腿和大腿的前面，偶尔会在腹股沟区，疼痛一般在关节以外的地方。疼痛多为钝痛，也可针刺样痛，甚至剧烈牵拉痛。典型的是双侧疼痛，也有一侧疼痛的。一般是肌肉疼痛，而不是关节或骨骼的疼痛。疼痛的部位也不会有红肿或发热的现象。随着年龄的增长，大多数患儿的生长痛会在接近青春期时消失，对孩子正常的生长和发育不会产生影响，即使疼痛反复发作也不会遗留关节畸形。

3. 鉴别

生长痛的发生，多半是断断续续的，但如果疼痛是持续性的，就很有可能是其他疾病造成的，以下几种疾病就最容易被误认为生长痛。

（1）骨折。由于孩子的活动量大，骨骼的发育尚未成熟，很容易就会造成骨折。而3岁左右的宝宝还不太会表达自己的感受，因此骨折是最容易被误诊的项目。

(2) 恶性骨瘤。恶性骨瘤亦称为骨癌，其发生原因，可能和遗传、放射线照射、骨骼过度生长、慢性炎症刺激、特殊病毒感染及骨内血液回流不畅等因素有关。

(3) 儿童白血病。儿童恶性肿瘤的发生率以白血病居于首位，它之所以被误判为生长痛，是因为骨髓膨胀，骨膜受到拉伸，而引起骨骼疼痛，尤其是膝盖的下方最为明显，也常被误判为关节炎。

(4) 青少年关节炎。青少年关节炎容易被误判为生长痛，是因为触压关节时患者会感到疼痛；虽然肌肉疼痛才是生长痛的典型症状，但年幼的孩子分辨不出肌肉疼痛和关节疼痛的差别。

4. 治疗

(1) 取穴。脾俞、胃俞、肾俞、上脘、中脘、神阙、关元、足三里、三阴交、捏脊法。

(2) 手法。揉、按、点、推、捏脊法。

(3) 方法。

① 仰卧位，顺时针掌揉腹2分钟。

② 食指、中指并按上脘、中脘、神阙各2分钟，揉2分钟。

③ 按揉足三里、三阴交2分钟。

④ 俯卧位，双拇指点脾俞、胃俞、肾俞各2分钟，揉2分钟。

⑤ 按揉涌泉2分钟。

⑥ 捏脊。

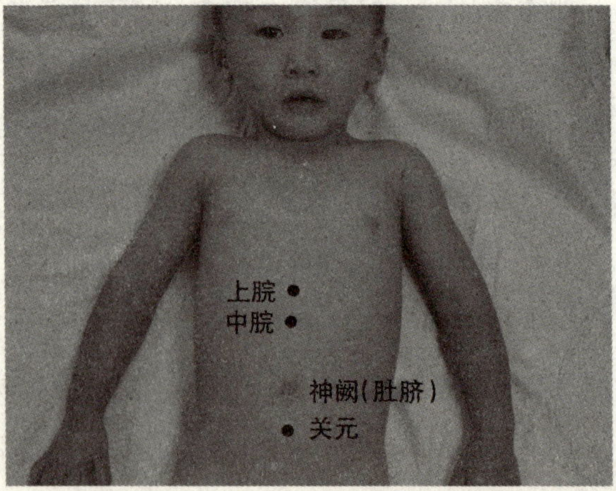

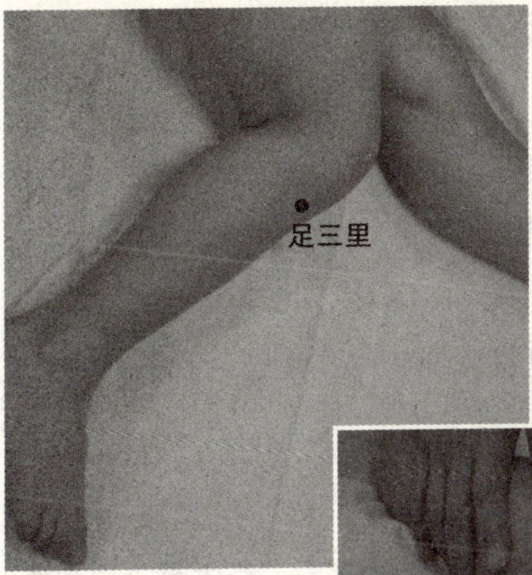
足三里

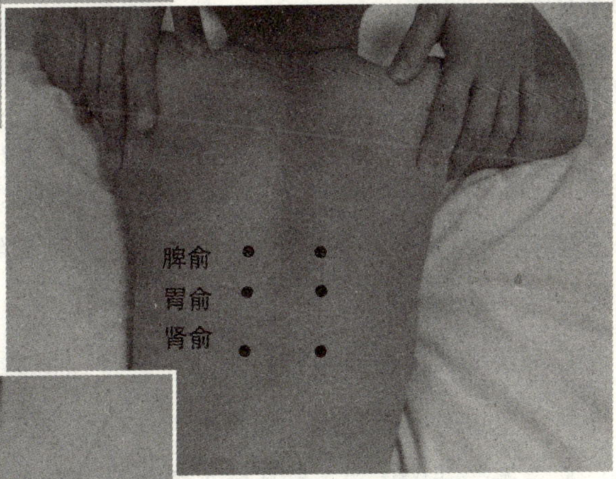
脾俞
胃俞
肾俞

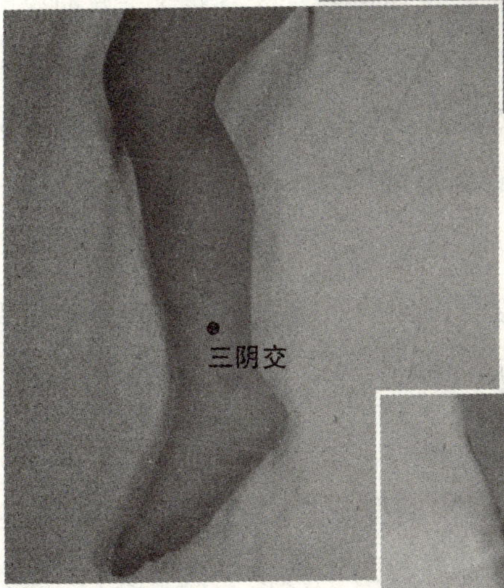
三阴交

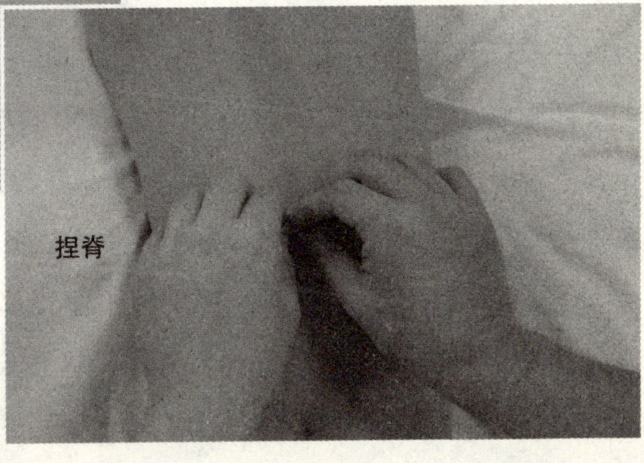
捏脊

八、幼年特发性关节炎

幼年特发性关节炎是一种慢性疾病，以持续的关节炎症状为特征。典型的关节炎病症的表现是疼痛、肿胀和活动受限，发病率大约为 80/10 万～90/10 万。当小孩出现并符合发病年龄小于 16 岁，关节炎症状（疼痛、肿胀和活动受限）持续超过 6 周（主要是排除病毒感染后暂时性关节炎）可以诊断为本病。

1. 关节改变

围绕关节的关节滑膜（通常是非常薄的）增厚，有大量炎性细胞浸润，滑膜腔内液体增加，这些改变引起了关节的肿胀、疼痛和活动受限。关节炎的一个特征性的表现是关节僵直，发生在长时间的休息后，因此，特别在早晨容易出现（晨僵）。

患病的小孩为了减少疼痛等症状，常常保持某些关节处在半屈曲位的位置上，这种形象位置叫做止痛位，是因为保持这个位置会减少疼痛等。

如果没有合适的治疗，幼年特发性关节炎可能由下面两个机理造成损伤：

（1）滑膜增厚（伴有所谓的血管翳形成），由于多种物质的释放，引起关节软骨和骨质的破坏。

（2）长期维持疼痛位置，引起这些部位的肌肉挛缩，肌肉或软组织的屈曲，会导致这些部位的肌肉或关节的屈曲畸形。

2. 分类

幼年特发性关节炎可分为几种不同的类型。它们的主要区别是是否存在全身症状，如发热、皮疹、心包炎（全身型幼年特发性关节炎），以及受累关节的数量（少关节炎型幼年特发性关节炎和多关节炎型幼年特发性关节炎）。根据目前临床上的相应规定，不同类型的幼年特发性关节炎是根据患病开始 6 个月的表现而定义的，所以，这些疾病的类型也叫发病的类型。

（1）全身型。除关节炎症状外，存在全身性的表现（全身性的意思是身体的各个器官都可能受累）。主要的全身症状是高热，常常伴有粉红色皮疹，皮疹出现在高热时。其他症状有肝脾淋巴结增大、心包炎、胸膜炎。关节炎常常是多关节炎（5个或5个以上关节受累），可以在起病时或在以后出现关节炎。这种类型可以出现在任何年龄的儿童。

大约有一半的病人以全身表现为特征，这些病人的远期预后较好；另一半病人的全身表现在一段时间后逐渐消退，而关节症状变得更加重要。在少数情况下，全身症状与关节表现同时持续存在。

（2）多关节炎型。其特征是在疾病的开始6个月，受累关节为5个或5个以上，无上述提到的全身型的表现。根据血液中是否存在一种自身抗体——类风湿因子（RF），将多关节炎型幼年特发性关节炎分为类风湿因子阴性和类风湿因子阳性两型。

类风湿因子阳性多关节炎型：这型在儿童是罕见的（占所有幼年特发性关节炎病人的5%以下）。认为这型与成人的RF阳性类风湿性关节炎相同（成人慢性关节炎的主要类型）。常常表现为对称性关节炎，最初主要影响手和脚的小关节，然后发展到其他关节。好发年龄小于10岁，女孩多于男孩。这是关节炎的一种严重形式。

类风湿因子阴性多关节炎型：这型约占所有幼年特发性关节炎病人的15%～20%。这是一类复杂的形式，可能包括了不同的疾病。这型可以发生在任何年龄，其预后也是非常复杂的。

（3）少关节炎型。其特征是在疾病的开始6个月，受累关节少于5个，无上述提到的全身型的表现。常累及大关节（如膝关节和踝关节），非对称性。有时仅为一个关节受累（单关节型）。一些病人关节受累的数目在患病6个月后增加到5个或5个以上，这种类型叫做扩展性少关节炎。

少关节型发病年龄常常小于6岁，女孩多见。经过合适的治疗，那些疾病仅局限于几个关节的病人的预后是好的；发展为扩展性者预后是多变的。

一部分病人可能并发一种重要的眼睛并发症，它是色素膜前部的炎症（前色素膜炎），色素膜是一层衬在眼睛里面的薄膜，提供眼睛的血液供应。

因为前色素膜是由虹膜和睫状体构成，所以这种并发症也叫做慢性前色素膜炎或慢性虹膜睫状体炎。

(4) 银屑病性关节炎。其特征是关节炎伴发于银屑病。银屑病是一种皮肤疾病，皮肤的改变主要局限在肘关节和膝关节，表现为片状鳞屑。皮肤改变可能出现在关节炎之前或者关节炎之后。这种情况在临床表现和预后方面都是复杂的。

3. 治疗

(1) 取穴。印堂、攒竹、鱼腰、丝竹空、太阳、肺俞、肝俞、膈俞、脾俞、胃俞、中府、云门、中脘、关元、曲池、外关、合谷、足三里、三阴交、风市、委中、承山。

(2) 手法。揉、按、点、推、捏脊法。

(3) 方法。

① 仰卧位，双手拇指从印堂沿眉框至太阳推 1 分钟，其穴位包括印堂、攒竹、鱼腰、丝竹空、太阳。

② 双手食指、中指并按中府、云门各 2 分钟，揉 2 分钟。

③ 食指、中指并按中脘、关元各 2 分钟。

④ 拇指按揉曲池、外关、合谷、足三里、三阴交、风市各 2 分钟。

⑤ 俯卧位，双拇指点脾俞、胃俞、肾俞各 2 分钟，揉 2 分钟。

⑥ 按揉委中、承山、涌泉 2 分钟。

⑦ 捏脊。

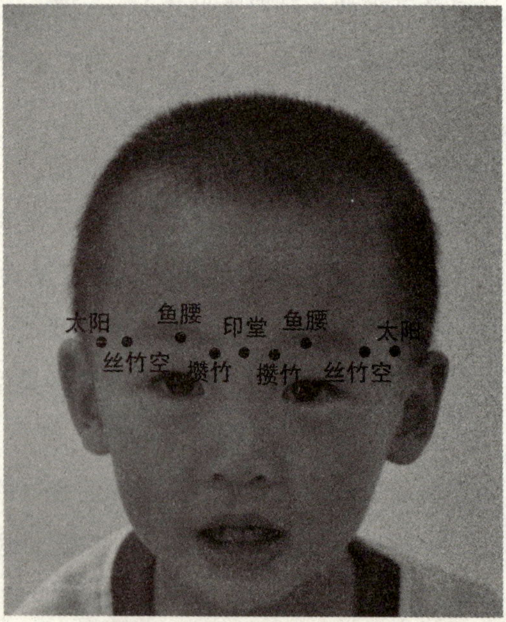

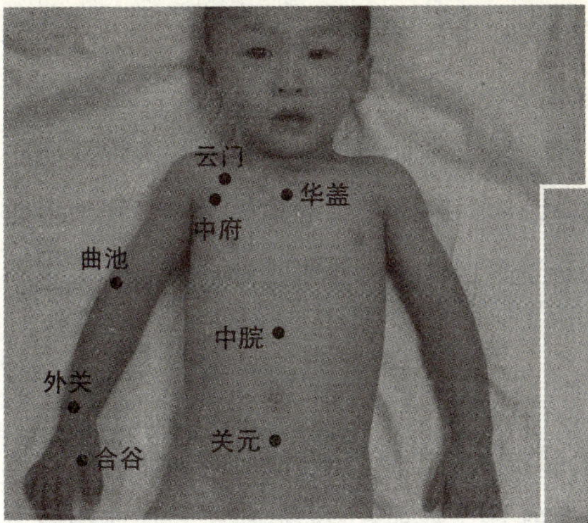
云门
华盖
中府
曲池
中脘
外关
关元
合谷

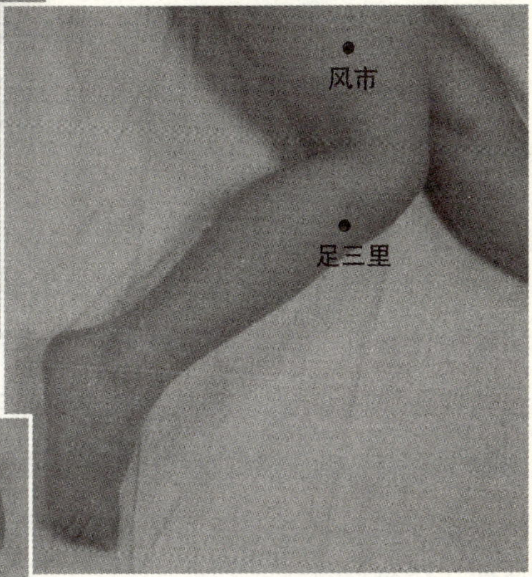
风市
足三里

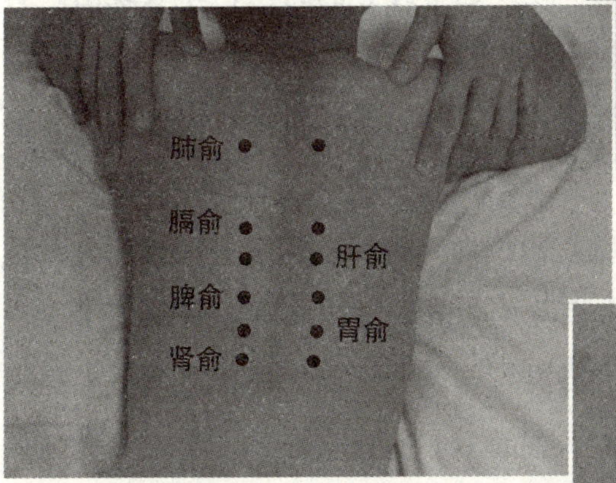
肺俞
膈俞
肝俞
脾俞
胃俞
肾俞

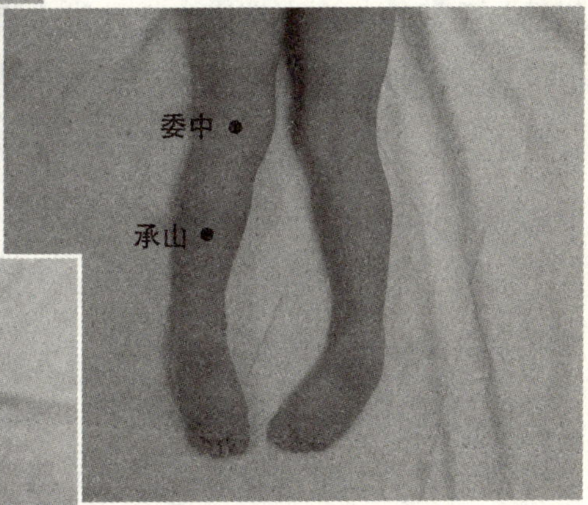
委中
承山

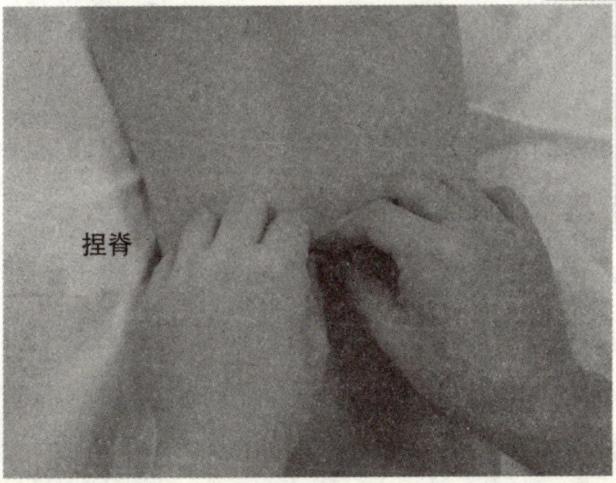
捏脊

九、小儿斜视

斜视是指两眼不能同时注视目标，属眼外肌疾病。可分为共同性斜视和麻痹性斜视两大类。前者以眼位偏向颞侧，眼球无运动障碍，无复视为主要临床特征；麻痹性斜视则有眼球运动受限、复视，并伴眩晕、恶心、步态不稳等全身症状。

1. 分类

（1）外斜视眼。即眼位向外偏斜，一般可分为间歇性与持续性外斜视。间歇性外斜视因病人具有较好的融像能力，大部分的时间眼位可由融像能力维持在正常的位置，只有偶尔在阳光下或疲乏不经心的时候，才表现出外斜的眼位。有些儿童为了避免外斜眼位引起的复视，在大太阳常会闭一只眼睛。间歇性外斜视常会发展成持续性外斜视，而偶尔出现外斜视的情形变成终日持续的外斜视。

（2）内斜视眼。一般俗称斗鸡眼。眼位向内偏斜。临床上可分为先天性斜视与后天性斜视。在出生之内发生者称之为先天性内斜视。偏斜角度通常很大。后天性内斜视又分为调节性内斜视与非调节性内斜视，调节性内斜视常发生在2~3岁左右，通常会伴有中高度远视，或是异常的调节内聚力与调节比率；非调节性内斜视则和调节力与屈光状态无关。

（3）上、下斜视。即眼位向上或向下偏斜，一般较少见，上、下斜视常常并有头部歪斜的情形。

值得注意的是，正常情况下，我们的眼睛看到的东西是水平的，如果一只眼睛出现了上斜或者下斜，导致两个眼睛看到的东西一个高一个低，为了平衡，融合成像，就只好歪头了。有很多家长误认为是斜颈，就去做了颈部的手术，结果术后发现孩子还是歪着脖子，这才来看眼科。如果早期治疗，患儿的眼性斜颈大部分是可以改善的，但是一旦延误了治疗时机，长期的偏头就可能造成颈部肌肉、颈椎、面部肌肉发生病理改变。因此，建议“歪脖子”患儿的家长多留心，在看外科的时候，也看一下眼科，以免贻误诊治。

同时，如果长期歪头，不仅会导致斜颈，还会引起颈部畸形、脊柱变形等一系列问题，有的还会引起心理问题。等到家长想要矫正的时候，因为孩子骨骼发育成熟，治疗有可能为时较晚。对于斜视，人们往往存在认识上的误区。实质上斜视并不只是影响美观，斜视的主要危害是会影响双眼视功能的发育，使孩子的立体视觉缺乏。因此，家长一旦发现孩子有斜视的情况，应尽早就医，尽早治疗，以免影响孩子视力的正常发育。

2. 治疗

（1）取穴。印堂、攒竹、鱼腰、丝竹空、太阳、风池、风府。

（2）手法。揉、按、点、推法。

（3）方法。

① 仰卧位，双手拇指从印堂沿眉框至太阳推 1 分钟，其穴位包括印堂、攒竹、鱼腰、丝竹空、太阳，并揉上穴各 1 分钟。

② 俯卧位，双拇指点风池 2 分钟，揉 2 分钟，点风府 2 分钟，揉 2 分钟。

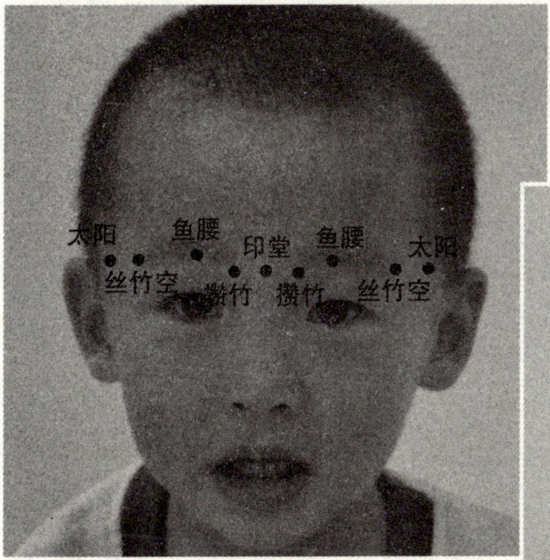

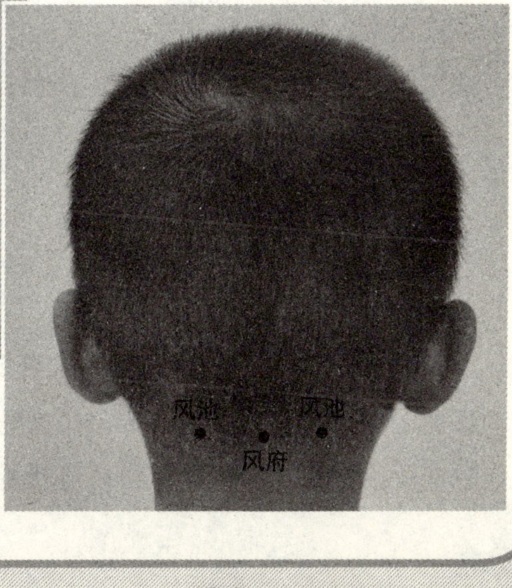

十、小儿弱视

弱视是指眼球内、外部均无任何器质性病变，但矫正视力达不到0.9的情况。我国约有4 000万名弱视儿童，婴幼儿弱视的发生率高达4%。0~3岁是宝宝视觉发育的关键期，也是治疗弱视的最佳时期。如果宝宝1岁时还不能稳定地注视、追随物体；学步时动作笨拙、经常碰撞；看电视时走得很近或眯着眼睛、歪着头等，家长们就要警惕了，早发现早治疗，是弱视治愈的关键。

1. 小儿弱视的早期发现

（1）学龄前体检。一般的儿童尤其是幼儿园长大的儿童，3岁时经过简单的视力教认，绝大多数都会认视力表。有条件的幼儿园要对孩子视力每年进行一次普查筛选，家长也可自购一张标准视力表，挂在光线充足的墙上，在5米远处让孩子识别。检查时一定要分别遮眼检查，不可双眼同时看，防止单眼弱视被漏检，反复认真检查几次，若一眼视力多次检查均低于0.8，则需带孩子到医院做进一步检查。一般认为检查最好不晚于4岁。

及早发现异常苗头，注意宝宝的眼睛有无以下异常：

① 不能追随移动的物体；

② 眼睛内有白色的反光；

③ 灯光在双侧瞳孔内的反射不对称；

④ 斜着眼睛或斜着头看东西；

⑤ 眯着眼睛看东西；

⑥ 凑得很近地看电视、看书；

⑦ 对强烈的光线没有眨眼反射。

（2）对于婴幼儿和不能配合检查视力的幼儿。可做遮盖试验，大致了解双眼视力情况。有意遮盖一眼，让孩子单眼视物，若本来很安静而遮盖另一眼时却哭闹不安或撕抓遮盖物，那就提示未遮盖眼视力很差，如发现视力低于 0.8～0.9 或双眼视力不一样，相差两行以上，则应及时请眼科医生检查。

孩子弱视不但视力模糊，还会丧失立体视觉，影响孩子学习的同时，还会让孩子承受心理压力，导致孩子性格孤僻。将来还会影响孩子填报高考志愿及职业。儿童时期视力正处于发育阶段，是治疗弱视最好的时期。

2. 孩子得了弱视家长应该怎么做

（1）视觉发育存在关键期，过了关键期，治疗效果很差，因此一旦发现孩子存在弱视，要立即去检查和治疗。有些家长怕影响孩子学习或自己的工作，晚一点再给孩子去检查、治疗的想法是十分错误的。

（2）弱视儿童大多伴有不同程度的屈光不正，所以必须准确散瞳验光，配合适的眼镜，只有在戴镜矫正屈光不正的基础上，同时进行弱视训练才能提高视力。弱视的其他治疗是无法改变患者的屈光状态的。

（3）孩子戴上眼镜后会有一段时间的适应过程，所以家长一定要做好说服和督促工作，另外上学的孩子还要与其老师进行沟通，请他们配合。

3. 治疗

（1）取穴。睛明、丝竹空、攒竹、鱼腰、阳白、四白、翳风、印堂、百会、风池、风府。

（2）手法。按、揉、推、点法。

（3）方法。

① 仰卧位，双手拇指从印堂沿眉框至太阳推 1 分钟，其穴位包括印堂、攒竹、鱼腰、丝竹空、太阳，并揉上穴各 1 分钟；按揉阳白、四白、百会、翳风、神庭各 1 分钟。

② 俯卧位，双拇指点风池 2 分钟，揉 2 分钟，点风府 2 分钟，揉 2 分钟。

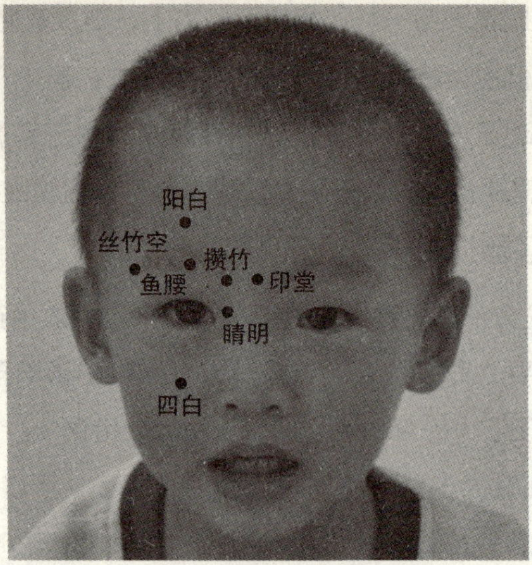

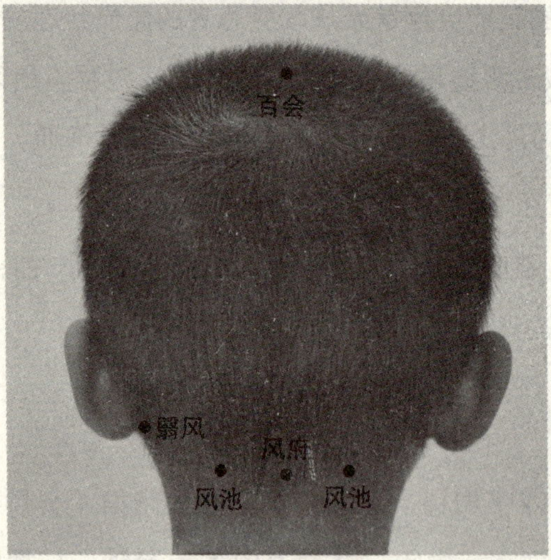

十一、小儿近视

小儿近视一般是指由于小儿长时间的近距离看书、学习及长时间地看电视，使他们正在用眼过程中过度调节，久之使眼轴变长，物像不能汇聚在视网膜上，使小儿看远处时物像模糊（眼轴变长1毫米约等于近视300度）。由此可见，小儿近视的根本原因是过度看近的用眼环境所造成的，有机磷等化学物质和电磁波等环境因素也会降低孩子的视力。

1. 发病机制

（1）遗传因素。研究认为高度近视眼的双亲家庭，下一代近视的发病率较高，高度近视眼具有一定的遗传倾向已被公认，但对一般近视遗传倾向就不很明显。

（2）环境因素。近视眼的发生和发展与近距离用眼的关系非常密切。青少年的眼球正处在生长发育阶段，调节能力很强，眼球壁的伸展性也比较大，阅读、书写等近距离工作时，不仅需要眼的调节作用的发挥，双眼球还要内聚，这样眼外肌对眼球施加一定的压力，久而久之，眼球的前后轴就可能变长。每增长1毫米就达3.00屈光度（也就是普通说的300度），当然这种近视绝大多数为单纯性近视，一般度数都比较低，都在6屈光度以下，发病多在青春期前后，进展也比较缓慢。

常见因素有：

① 用眼距离过近，正常阅读距离应是30~35厘米。

② 用眼时间过长。一般主张连续看书写字或看电视30~40分钟就应休息片刻或向远处眺望一会儿。

③ 照明光线过强或过弱。如果光线太强，如阳光照射书面等，会引起强烈反射，刺激眼睛，使眼睛不适，难以看清字体，相反，光线过弱，书面照明不足，眼睛不能清晰地看清字体，头部就会向前，凑近书本，以上两种情况均能使眼睛容易疲劳、眼睛的调节过度或痉挛而形成近视。

④ 在行车上或走路时看书。有的青少年充分利用时间，边走路边看书或在行走的车厢里看书，这样对眼睛很不利。因为车厢在震动，身体在摇动，眼睛和书本距离无法固定，加上照明条件不好，加重了眼睛调节的负担，经常如此就可能引起近视。

⑤躺着看书。许多青少年喜欢躺在床上看书，这是一种坏习惯。因为人的眼睛应保持水平状态看书，使调节与集合（辐辏）取得一致，减少眼睛的疲劳。如果躺着看书，两眼不在水平状态，眼与书本距离远近不一致，两眼视线上、下、左、右均不一致，书本上的照度不均匀，都会使眼的调节紧张而且容易把书本移近眼睛，这样可加重眼睛负担，日久就形成近视。

⑥营养不良。缺钙、锌和维生素等。

2. 家长们可通过以下观察早发现小儿近视

（1）眯着眼睛看东西。是因为眼睛近视，眯细眼睛可以看清东西。近视度数高，眯着眼看也难看清。

（2）看远处物体更容易紧皱眉头。

（3）当全神贯注看电视时，有歪头现象。有歪头看东西习惯的儿童，最易成“对眼”。

（4）看书、学习缺乏耐性，常有厌烦情绪。

（5）学习成绩下降。学习花费时间较多，成绩却不见提高。

（6）看书时眼睛距书太近，少于30厘米；看电视时，总喜欢靠近电视机。

（7）常有头痛、疲乏、懒散的感觉，性情急躁，行动和思维能力突然减退，看到喜爱的东西，也不像以前那样激动。

3. 分型

按近视程度可分为轻度近视、中度近视、重度近视。

按近视发生改变的结构可分为轴性近视和屈率性近视。

按发病病程可分为初发性近视、进展期近视、恶性近视。

按遗传相关性可分为遗传性近视和非遗传性近视。

按近视类别可分为单纯性近视、近视散光、复性近视散光。

按调节因素分为真性近视和假性近视。

4. 治疗

（1）取穴。睛明、丝竹空、攒竹、鱼腰、阳白、四白、印堂、神庭、百会、风池、风府、肝俞、肾俞。

（2）手法。按、揉、推、点、捏脊。

（3）方法。

① 仰卧位，双手拇指从印堂沿眉框至太阳推 1 分钟，其穴位包括印堂、攒竹、鱼腰、丝竹空、太阳，并揉上穴各 1 分钟；按揉阳白、四白、百会、翳风、神庭各 1 分钟。

② 俯卧位，双拇指点风池 2 分钟，揉 2 分钟，点风府 2 分钟，揉 2 分钟，点按肝俞、肾俞各 1 分钟。

③ 捏脊。

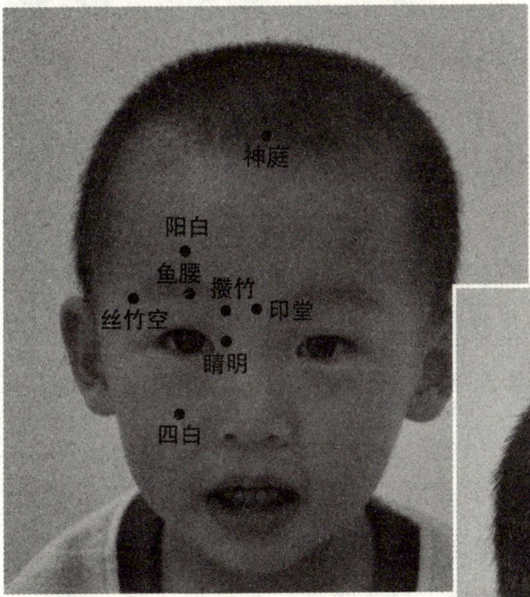

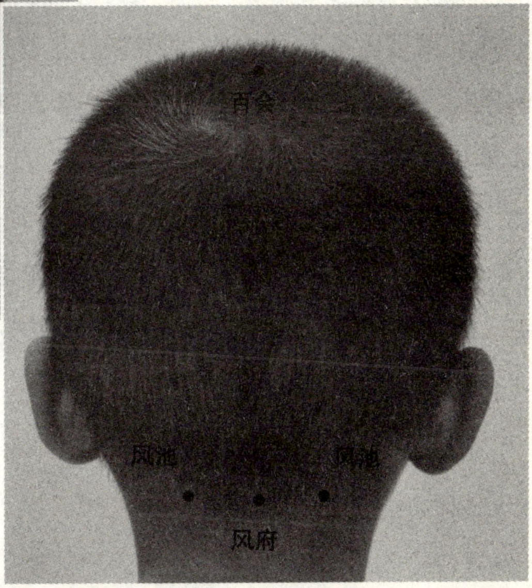

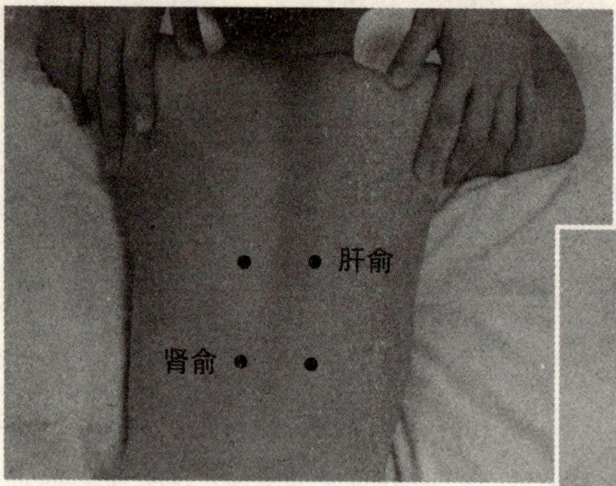

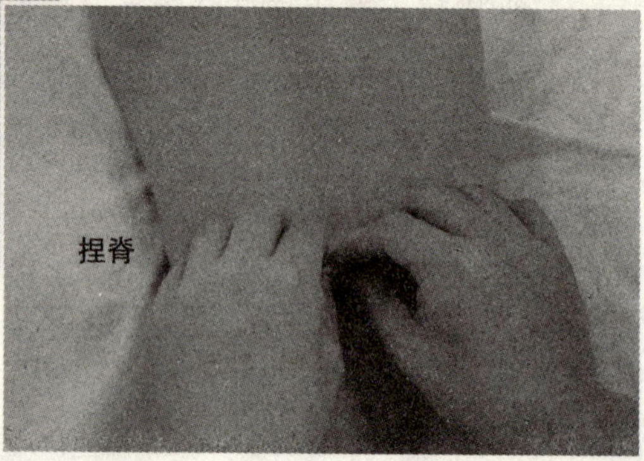

十二、小儿肥胖症

肥胖是指一定程度的明显超重与脂肪层过厚，是体内脂肪，尤其是甘油三酯积聚过多而导致的一种状态。儿童肥胖症是指儿童体内脂肪积聚过多，体重超过按身高计算的平均标准体重20%，或者超过按年龄计算的平均标准体重加上两个标准差以上时，即为肥胖症。

目前常用的体重指数简称BMI，又译为体质指数。

BMI（千克/平方米）=体重（千克）/身高的平方

大多数个体的体重指数与身体脂肪的百分含量有明显的相关性，能较好地反映机体的肥胖程度。

1. 肥胖的原因

（1）遗传与环境因素。

（2）物质代谢与内分泌功能的改变。

（3）脂肪细胞数目的增多与肥大。

（4）神经精神因素。

（5）生活及饮食习惯。

（6）药物性肥胖。

2. 小儿肥胖的类型

（1）单纯性肥胖。单纯性肥胖又分为两种。

① 体质性肥胖。

原因：先天性。体内物质代谢较慢，物质合成的速度大于分解的速度。

现象：脂肪细胞大而多，遍布全身。

② 获得性肥胖。

原因：由饮食过量引起。食物中甜食，油腻食物多。脂肪多分布于躯干。

现象：脂肪细胞大，但数量不增多。

（2）病理性肥胖（继发性肥胖）。

① 库欣综合征。

原因：肾上腺皮质功能亢进，皮质醇分泌过多。

现象：脸、脖子和身体肥大，但四肢则脂肪不多。

② 胰源性。

原因：胰岛素分泌过多，代谢率降低，使脂肪分解减少而合成增加。

现象：全身肥胖。

③ 垂体性。

原因：脑垂体病变导致垂体前叶分泌过多生长激素。

现象：全身骨头、软组织、内脏组织增生和肥大。

④ 甲状腺功能减退。

原因：甲状腺功能减退。

现象：肥胖和黏液型水肿。

⑤ 药源性。

原因：药物的副作用引起，如由肾上腺皮质激素类药物。

现象：在服药一段时间后出现的肥胖，比如有些患有过敏性疾病、类风湿病、哮喘病的病人。

3. 临床表现

肥胖症可见于任何年龄小儿，以 1 岁以内、5～6 岁或青少年为发病高峰。患儿往往食欲极好，喜食油腻、甜食，懒于活动，皮下脂肪丰厚，分布均匀是与病理性肥胖的不同点，面颊、肩部、乳房、腹壁脂肪积聚明显。血总脂、胆固醇、甘油三酯及游离脂肪酸均增高。超声检查可见不同程度的脂肪肝。

4. 治疗

（1）取穴。膻中、中脘、气海、天枢、关元、血海、足三里、阴陵泉、阳陵泉、脾俞、胃俞、膀胱俞、环跳、委中、承山，捏脊。

（2）手法。揉、点、按等。

（3）方法。

① 患者仰卧位，指按膻中、中脘、气海、天枢、关元各 1 分钟，揉 2 分钟。点揉血海、足三里、阴陵泉、阳陵泉各 2 分钟。

② 患者俯卧，按、点双侧膀胱俞、环跳、委中、承山各 2 分钟。

③ 捏脊。

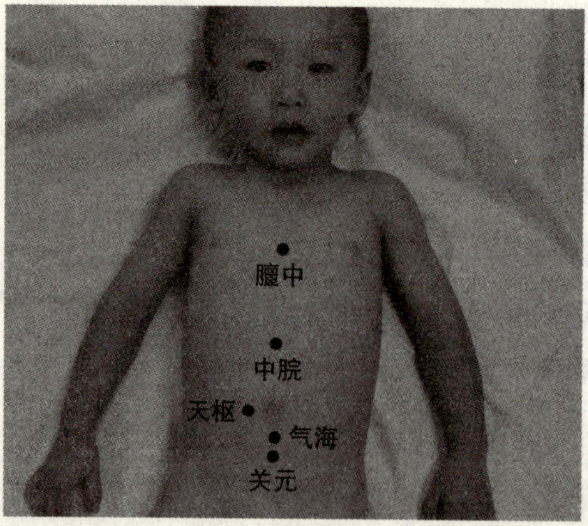

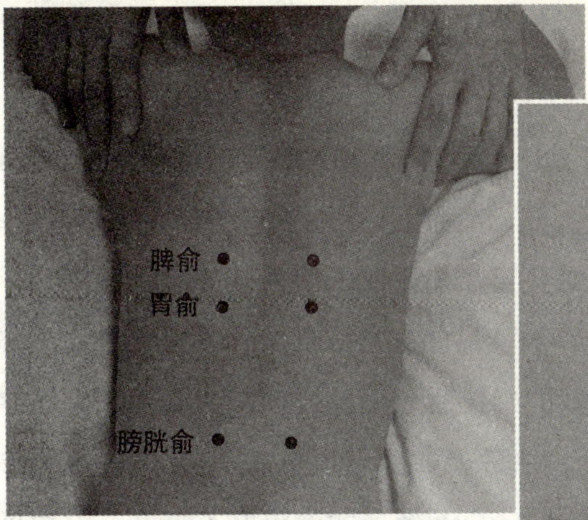
脾俞
胃俞
膀胱俞

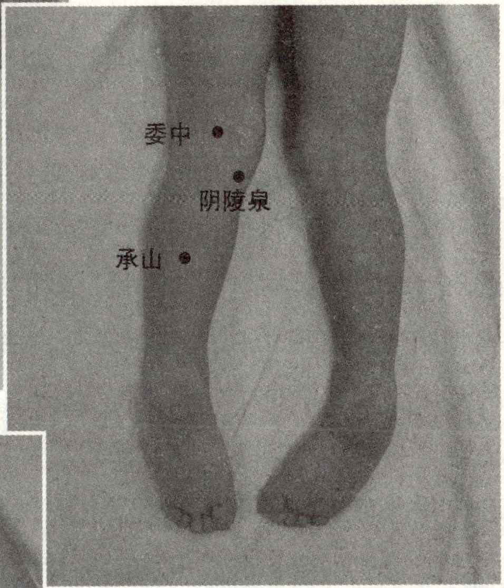
委中
阴陵泉
承山

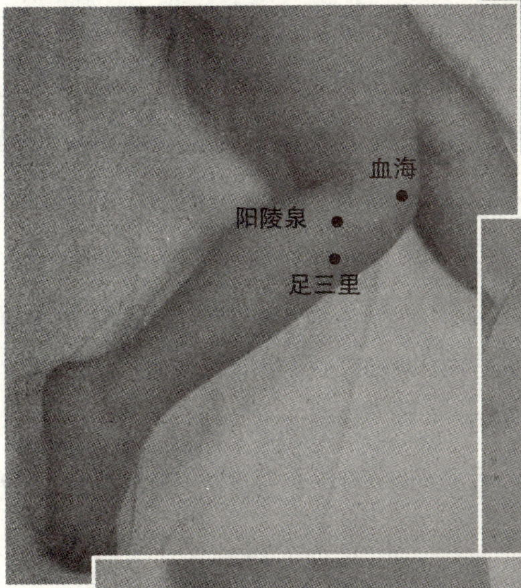
血海
阳陵泉
足三里

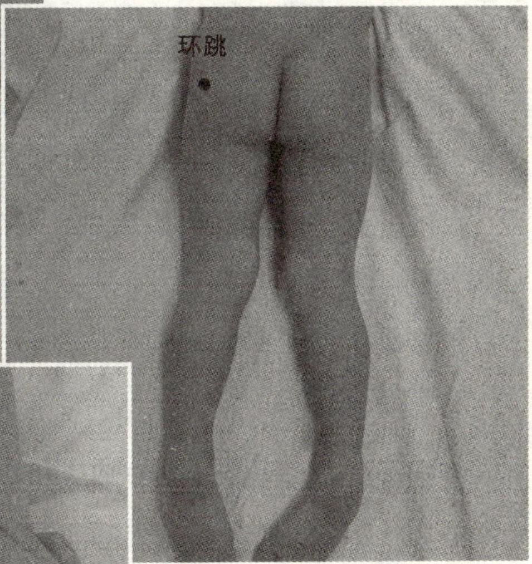
环跳

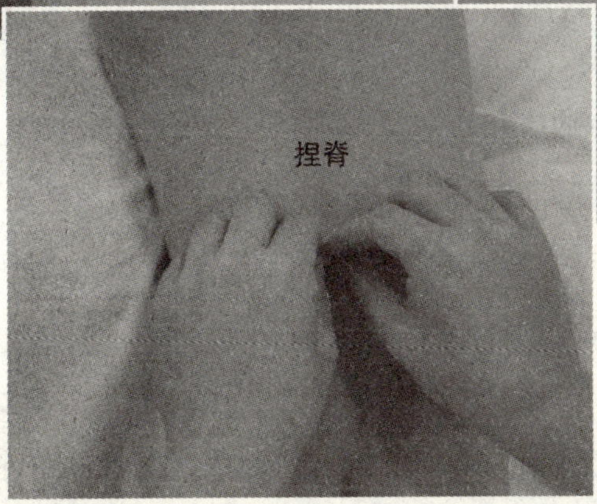
捏脊

十三、小儿肾炎

小儿肾炎一般指肾小球肾炎，是一种双侧肾脏的弥漫性、非化脓性疾病。多发生于学龄儿童，6~9 岁最为常见。常继发于上呼吸道的细菌或病毒感染，但是肾炎的发病并不是细菌或病毒直接损伤肾脏而发生的炎症，而是由于病原体侵入人体后，引起体内产生的一系列自身免疫反应，造成肾脏损伤而致病。一般急性起病，不同病因所致的感染后免疫反应引起的弥漫性肾小球损害性疾病。临床上以水肿、尿少、血尿及高血压为主要表现，一般病程约 4~6 周。夏秋季是小儿肾炎好发季节。小儿肾炎的治疗并不复杂，而护理很重要，并对预后起着决定性作用。肾炎患儿起病 1~2 周均需卧床休息。因为卧床休息可以减少机体能量消耗，减轻心脏负担，改善肾脏血流量，有利于防止心功能不全和高血压脑病等并发症。一旦水肿消退，血压平稳，肉眼血尿消失，可允许患儿下床在室内活动或户外散步。本病早期因水肿明显，同时伴有氮质血症，应给予低盐和低蛋白饮食。每日食盐摄入量为 1~2 克，蛋白质摄入量为每日每千克体重 0.5 克，但应禁吃鸡蛋、鸭蛋，以免加重肾脏负担。鼓励患儿多吃水果，至患儿水肿消失，血压正常即可恢复原来饮食。

一般儿童肾病起病缓慢，患儿倦怠乏力，精神萎靡，食欲减退。单纯性肾病发病年龄偏小，多在 2 ~ 7 岁，肾炎性肾病发病年龄偏大，多在 7 岁以上。性别分布男多于女，为 4:1。

1. 临床表现

多见于 3~8 岁小儿，2 岁以下极少见。

(1) 急性发病。多在上呼吸道感染、皮肤感染、猩红热等先驱感染后 1~4 周发病，病程在 1 年以内；临床表现轻重不一，轻症仅有镜下血尿、少量蛋白尿及轻度眼睑水肿，或无明显临床症状。

(2) 典型症状。发病急、有少尿、水肿、血尿及高血压等症状；重症：可短期内出现心力衰竭、急性肾衰、高血压脑病、头痛、呕吐、昏迷等。

（3）检查。

尿常规呈血尿及蛋白尿，亦可见颗粒管型，抗链球菌溶血素“O”或抗链球菌激酶、抗透明质酸酶升高，血清总补体及 C3 下降，多在 4~6 周内完全恢复正常，纤维蛋白降解产物（FDP）可阳性，内生肌酐清除率降低，血尿素氮升高。部分病例胸透可见心脏普遍增大，心电图有 T 波改变，肾图可见不同程度肾功能损害。

小儿由于脏腑娇嫩，身心等尚未能发育成熟，若有病邪侵害，其变化迅速，危害甚重，所以在治疗上亦早亦快亦好。

2. 分类

中医对不同的临床症状可分为脾虚、肾虚两大类。

（1）脾虚。晨起眼睑及面部微肿，午后踝部肿胀，渐遍及周身，腰部以下肿胀为主，按之凹陷，复平较慢，小便短少，脘腹胀满，四肢倦怠，大便溏，苔白腻，脉濡缓。

（2）肾虚。腰以下肿甚，按之没指，复平较慢，肢软无力，四肢欠温，神疲体倦，小便短少，面色不华且晦暗，舌淡苔白，脉沉细。

3. 治疗

（1）取穴。

① 脾虚型。膻中、中脘、神阙、气海、关元、中极、脾俞、胃俞、足三里、三阴交。

② 肾虚型。中脘、气海、天枢、关元、中极、肾俞、命门、膀胱俞、三阴交。

（2）手法。揉、按等。

（3）方法。

① 脾虚型。

患者仰卧，按膻中、中脘、气海、关元、中极、神阙、足三里各 1 分钟，揉 2 分钟；揉双内关各 3 分钟。

患者俯卧，按脾俞、胃俞各 2 分钟，揉 3 分钟；揉三阴交 2 分钟。

② 肾虚型。

患者仰卧，按中脘、天枢、气海、关元、中极各 1 分钟，揉 2 分钟。

患者俯卧，肾俞、命门、膀胱俞各 2 分钟，揉 3 分钟；揉三阴交 3 分钟。

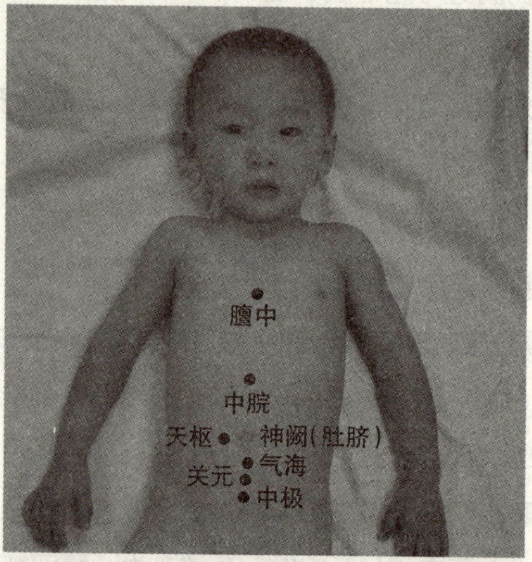

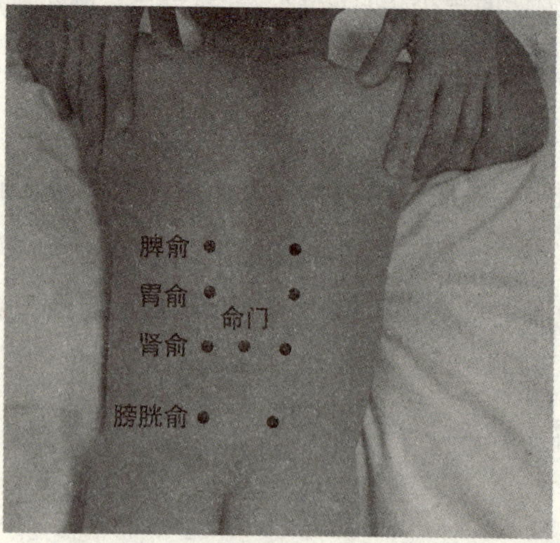

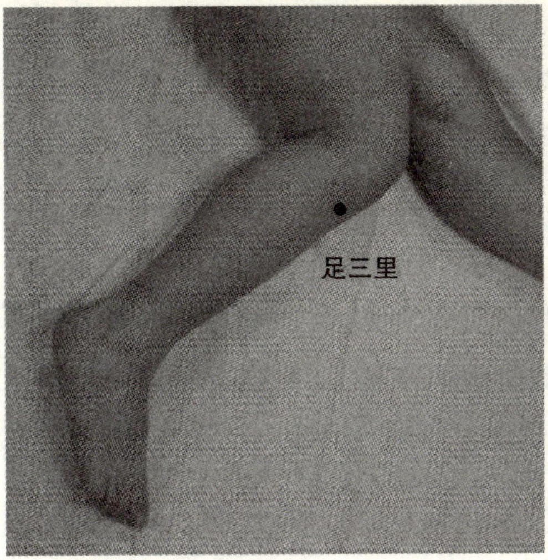

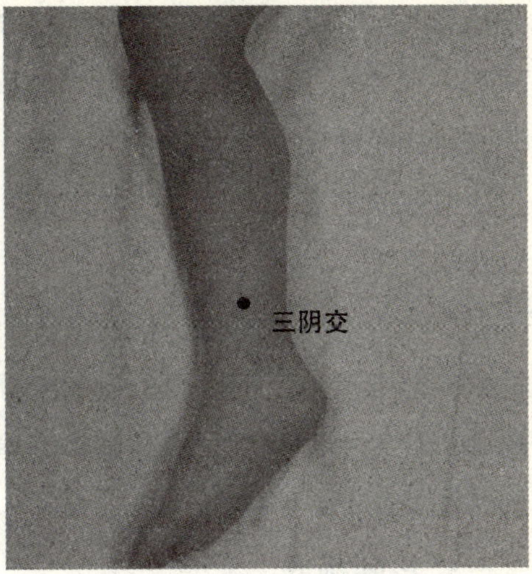

十四、小儿糖尿病

小儿糖尿病，多为 1 型或需胰岛素型糖尿病，是由于胰岛素分泌不足所引起的内分泌代谢疾病，以碳水化合物、蛋白质及脂肪代谢紊乱为主，引起高血糖及尿糖，小儿易出现酮症酸中毒，后期常有血管病变、眼及肾脏受累。5～6 岁及 10～14 岁小儿多发病，5 岁以下小儿少见。目前，小儿 2 型糖尿病发病率也在提高，胰岛素敏感性降低，胰岛素分泌水平高于正常人。

1. 发病原因

小儿糖尿病的发病原因尚不清楚。一般认为，遗传是小儿得糖尿病的重要原因。有人统计，双亲中有一人患糖尿病，子代的发病率为 3%～7%；双亲均为糖尿病者，子代发病率可达 30%～50%。此外，环境因素、免疫因素、病毒感染也被公认为与糖尿病发病密切相关。

2. 临床表现

小儿糖尿病症状如成年人患病症状一样，常有多食、多饮、多尿症状，其远期并发症是微血管病变所致的眼、心、肾和神经系统损害。婴儿患糖尿病时，多饮、多尿难以被发现。幼儿患者因夜尿多而可出现突然的遗尿，由于遗尿症在幼儿年龄阶段相当普遍，因此可能被家长忽视。小儿遗尿症专科门诊对尿床的患儿必做尿液常规检查，为的就是筛除隐藏在“遗尿症”中的幼儿糖尿病。

小儿糖尿病起病急，一般在3个月内可被确诊。小儿糖尿病的致命危险是酮症酸中毒，而不是微血管病变所致的远期并发症。患儿年龄越小，酮症酸中毒的发生率越高。酮症酸中毒常表现为多尿、呕吐、腹痛、严重脱水、神情呆滞甚至发生昏迷。

3. 诊断标准

（1）有糖尿病症状，一天内任何时候查血糖均≥11.0毫摩尔/升（200毫克/分升）或空腹血糖≥7.8毫摩尔/升（≥140毫克/分升）者不需做糖耐量试验即可诊断。

（2）有糖尿病症状，但血糖值未达上述标准，则需做糖耐量试验（3岁以内口服葡萄糖2克/千克，年长儿1.75克/千克，最大量不超过75克），若血糖上升过高或恢复延迟（2小时血糖值11.0毫摩尔/升即200毫克/分升）也有助诊断。

4. 鉴别诊断

在非急症的情况下主要与其他可致尿糖阳性的疾病鉴别：如婴儿因严重感染、外伤而致暂时性糖尿，肾排糖阈值下降所致的肾性糖尿，甲状腺功能亢进时的糖尿等，此时空腹血糖及糖耐量试验正常。

5. 治疗

（1）取穴。合谷、曲池、中府、云门、膻中、中脘、神阙、气海、关元、中极、心俞、肺俞、脾俞、肾俞、承山、委中、足三里、三阴交。

（2）手法。按、揉。

（3）方法。

①仰卧：按合谷、曲池各 1 分钟，揉 2 分钟；按中脘、神阙、气海、关元、中极、足三里、三阴交各 2 分钟，揉中府、云门、膻中、中脘、神阙、气海、关元、中极、足三里、三阴交各 2 分钟。

②俯卧：按心俞、肺俞、脾俞、肾俞、承山、委中各 2 分钟，揉 2 分钟。

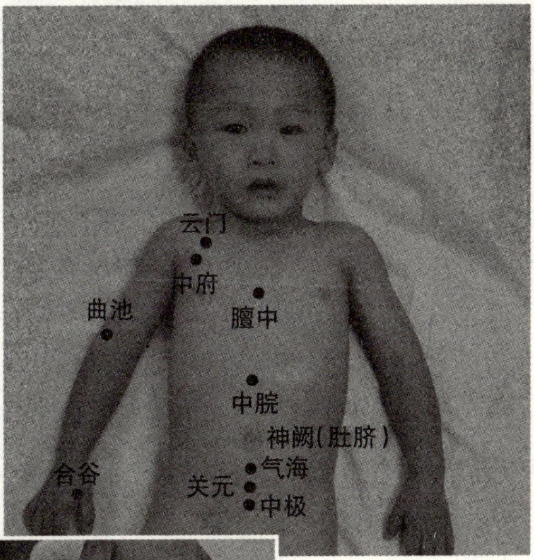

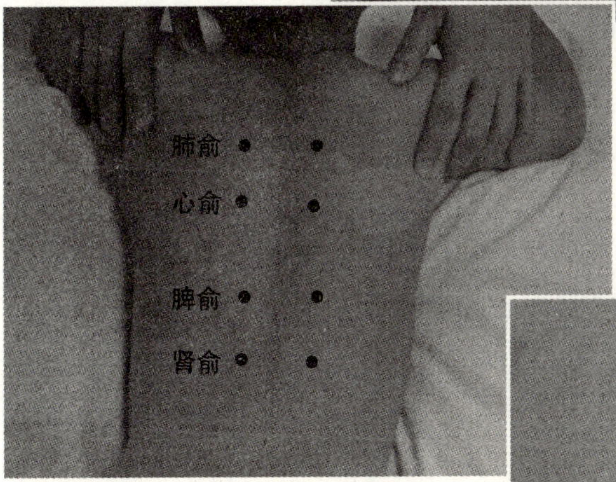

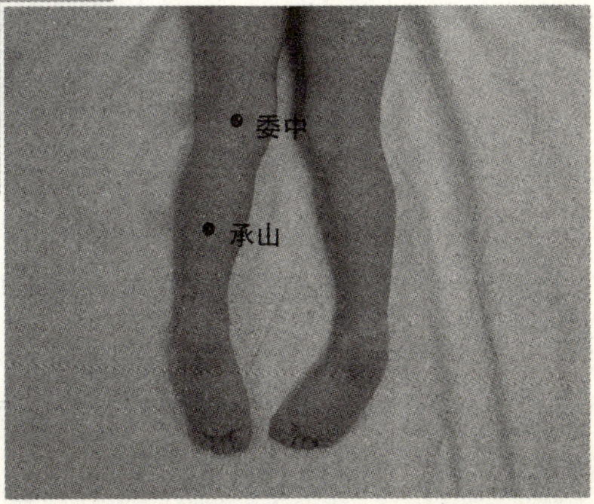

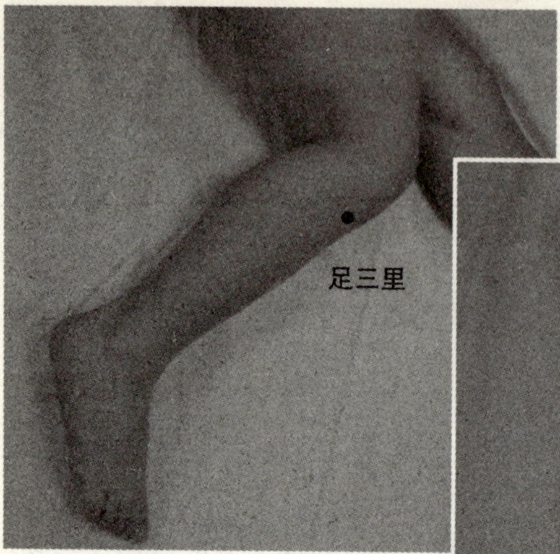

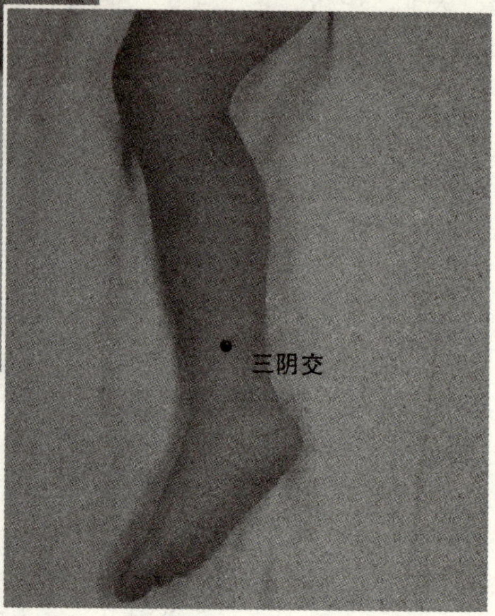

十五、小儿遗尿

以小儿已达到膀胱能控制排尿的年龄入睡后仍有不随意排尿为主要表现的疾病。通常系指儿童3岁后，现代医学通常系指儿童5岁后仍不自主地排尿而尿湿了裤子或床铺，但无明显的器质性病因。

1. 分类

现代医学对遗尿症有两种分类的方法。

第一种分类是根据遗尿发生的时间而定，当儿童遗尿发生在睡眠中(包括夜间睡眠和午睡)，但白天能控制排尿，而且膀胱功能正常，则称为单一症状的夜间遗尿，而当小儿白天清醒时有遗尿，但无神经系统的病变诸如脊柱裂、脊柱损伤等，则称为白日遗尿。

第二种分类法将其称为原发性和继发性遗尿，所谓原发性是指小儿从小至就诊时一直有遗尿，而继发性是指小儿曾经停止遗尿至少 6 个月，以后又发生遗尿。

2.病因

（1）疾病。蛲虫症（虫体对尿道口的刺激）、尿路感染、肾脏疾患、尿道口局部炎症、脊柱裂、脊髓损伤、骶部神经功能障碍、癫痫、大脑发育不全、膀胱容积过小等等，但因病引起的遗尿只占很小的比例，绝大多数孩子的尿床与精神因素、卫生习惯、环境因素等有关。

（2）睡眠很深，不能及时醒来排尿。

（3）部分患儿没有受到排尿训练，如长期使用尿布，父母夜间不唤醒孩子、抱孩子去厕所撒尿，甚至有些父母在孩子躺在床上睡眠时帮他们排尿，造成孩子睡眠中排尿的习惯。久之，容易发生夜间尿床。

（4）膀胱的夜间控制能力发育迟缓。

（5）突然换新环境、气候变化如寒冷等。

（6）孩子入睡前饮水过多，吃了西瓜等含水量多又有利尿作用的水果。

（7）不能产生足够的控制尿激素。控制尿激素是一种由人体自然产生并可减少尿液量的激素。20%~30%的夜遗尿孩子在睡眠中身体不能产生足够的控制尿激素。

夜遗尿孩子随年龄的增长，症状或许有所改善，停止尿床，但停止夜遗尿可能需要几年的时间，甚至有 1%的孩子进入青春期后还继续尿床。

夜间尿床是婴幼儿人群的普遍现象。随着神经系统、肌肉组织系统、内分泌等系统的发育不断完善，正常婴幼儿的膀胱对排尿的控制会自然形成，不需特别指导和训练。但是如果 3 岁或 3 岁以上儿童多次发生入睡后无意识排尿，每周达 2 次以上且持续至少 6 个月，此类儿童应视为异常，即可诊断为遗尿症。

3. 临床表现

（1）睡眠昏沉，叫醒不易，醒后不知。入睡后不自主排尿，常发生在夜间相对固定的时间，上半夜较多，有时一夜数次，甚至午睡也尿床，可持续数年以上。

（2）平时易出汗，尤其夜间出汗多，睡觉姿势多为爬卧式或蜷卧式，脾气古怪、胆小怕事、性格内向，冬天或阴雨天明显加重。

（3）男、女生的生殖泌尿系统差别甚大，甚至尿床的比例也有所不同，这在4~6岁男、女皆相似。但到7岁后男孩却大于女孩子，11岁时男孩尿床的比例比女孩高2倍，此可能是女孩的生理成熟较早、继发性遗尿较少、如厕训练反抗性较少的原故。

（4）幼儿园午睡时出现尿床的现象。虽然还不是“白天遗尿”，但几乎每天午睡时都难以克服，这种现象有时会延至4~5岁，并由于引起本人紧张和父母的注意与焦虑，因而变得越来越厉害，甚至有恶性循环的趋势。这类现象往往成为幼儿园全托保育的一个问题。

中医学和老百姓自古就认为，小儿长到3岁还有尿床的毛病，不是家长失职，就是小儿有病，不能算是正常现象。所以中国传统在遗尿症的普遍认知上将3岁以上定为界限的定义。而现行的国际标准认为5岁以上尿床才是遗尿症。

近年来，国人“生活”洋化了不少，如纸尿裤等取代了“把尿”方式，就让孩子敞开尿吧，妈妈大人们、月嫂高薪族们也可一觉睡到大天亮，省心多了。岂不知，这样一来，孩子在被褥上“画地图”、“当海军”“冲浪”的本事也就越来越大了。

还有很多家长认为小儿尿床是因为喝水太多了，于是就尽量让小儿少喝水，其实这种做法是不科学的。

4. 小儿尿床的误区

误区一：尿床是因为入睡前喝水太多了。

事实是：在入睡前两个小时喝水确实会加重尿床，但这并不是尿床的根本原因。所以，尽管限制小儿的睡前饮水量，可以减少夜里尿床的总量和次数，但不能从根本上改变这个问题。

误区二：尿床是因为小儿懒得起来上厕所。

事实是：六七岁以下的小儿偶尔尿床是正常的，与懒得上厕所无关。因为这个年龄段的小儿膀胱容积还不够大，而且膀胱和整个身体的配合能力也还有限，很难在膀胱充满了时，及时叫醒大脑去上厕所。

误区三：尿床是因为父母没有很好地教会孩子怎样上厕所。

事实是：尿床不是小儿不会上厕所引起的，也不能说明父母的教育有任何失败之处，因为这是不可控的。父母不要为此惩罚孩子，也不必自责。如果孩子夜里尿床了，早上可以让他和你一起收拾床单，这会培养他的责任感。

误区四：罚上几次，就不尿床了。

事实是：小儿对尿床完全无能为力，我们不能要求别人不打呼噜，也不能要求小儿不尿床，惩罚只会伤害小儿的自尊心，让他觉得对不起你。

误区五：男孩比女孩容易尿床。

事实是：研究表明，在这一问题上，女孩并没有发育上的优势。只不过，在很多家庭中，父母会早些教女孩使用便盆，而男孩则晚一点。

误区六：总尿床的孩子有病。

事实是：5 岁以下小儿尿床没有特定原因，不能说有病。但如果小儿已经超过 6 个月没尿过床，突然又开始了，家长不妨带孩子检查一下，因为尿路感染、糖尿病、膀胱异常和寄生虫等问题都会导致小儿突然尿床。

误区七：尿床是精神压力造成的。

事实是：大部分尿床都不是精神压力造成的，尿床最常见的原因是膀胱发育缓慢、容量小以及遗传因素等。还有些小儿只是睡得太沉，没有感觉到尿意而已。

误区八：服用药物可以让小儿停止尿床。

事实是：尿床最好的解决办法不是药物，而是父母的耐心和孩子的成长。如果你怀疑小儿尿床是一种病态表现，那么也必须在医生指导下进行治疗。

误区九：尿床最好的策略就是等待。

事实是：这句话基本正确。对待一个不到5岁的尿床小儿，父母只能等待他长大。不过更好的方法是，平时睡觉给他垫块尿布，等到小儿自己厌倦了尿布，他就有动力学会不尿床了。

5. 治疗

(1) 取穴。中脘、水分、气海、关元、曲骨、中极、肺俞、肝俞、脾俞、膀胱俞、长强。

(2) 手法。按、揉。

(3) 方法。

①仰卧：中脘、水分、气海、关元、中极、曲骨各2分钟，揉2分钟。

②俯卧：按肺俞、肝俞、脾俞、膀胱俞、长强各2分钟，揉2分钟。

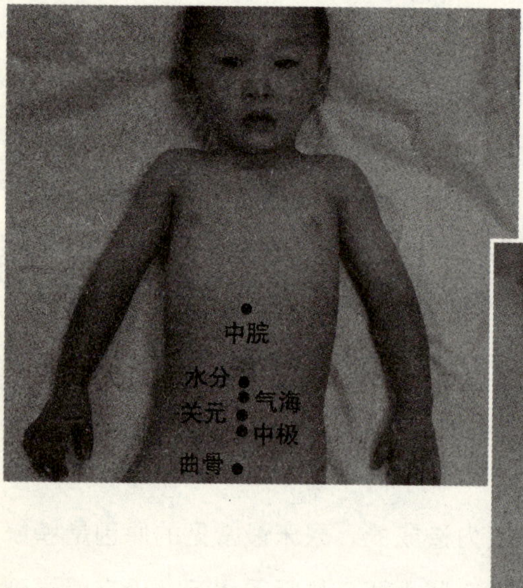

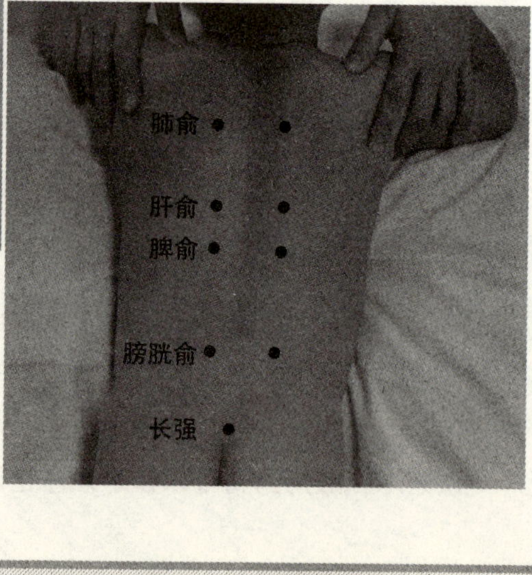

十六、小儿生长激素缺乏症

因垂体前叶分泌的生长激素不足而导致儿童生长发育障碍、身材矮小者称为生长激素缺乏症。原发性生长激素缺乏症多见于男孩，患儿出生时身高体重正常，数周后出现生长发育迟缓，2～3岁后逐渐明显，其外观明显小于实际年龄，但身体各部位比例尚匀称，智能发育亦正常。身高低于同年龄正常儿童30%以上。随年龄增长可出现第二性征缺乏和性器官发育不良。继发性生长激素缺乏症可发生于任何年龄，除有上述症状外，尚有原发病的种种症状和体征。本病一旦确诊，开始治疗年龄愈小，效果愈好。

生长激素缺乏症（GHD）是由于垂体前叶合成和分泌生长激素（GH）部分或完全缺乏，或由于结构异常、受体缺陷等所致的生长发育障碍性疾病，其身高处在同年龄，同性别正常健康儿童生长曲线第三百分位数以下或低于两个标准差，符合矮身材标准，发生率约为20/10万～25/10万。

1. 症状体征

（1）特发性（原发性）生长激素缺乏症。多见于男孩，男:女=3:1，患儿出生时身高和体重均正常，1岁以后出现生长速度减慢，生长落后比体重低更为严重，身高低于同年龄、在性别正常健康儿童生长曲线第三百分位数以下（或低于两个标准差），身高年增长速度小于4厘米，智能发育正常。患儿头颅圆形，面容幼稚，脸圆胖，皮肤细腻，头发纤细，下颌和颏部发育不良，牙齿萌出延迟且排列不整齐，患儿虽生长落后，但身体各部比例匀称，与其实际年龄相符。多数青春期发育延迟。

特发性（原发性）生长激素缺乏症中有少部分具有遗传性，可为常染色体隐性、显性遗传或性联隐性遗传，家族成员中数人患病。

（2）一部分生长激素缺乏患儿同时伴有一种或多种其他垂体激素缺乏，这类患儿除生长迟缓外，尚有其他伴随症状。伴有促肾上腺皮质激素（ACTH）缺乏者容易发生低血糖，伴促甲状腺激素（TSH）缺乏者可有食欲缺乏、不爱活动等轻度甲状腺功能不足的症状，伴有促性腺激素缺乏者性腺发育不全，出现小阴茎（即拉直的阴茎长度小于 2.5 厘米），到青春期仍无性器官和第二性征发育等。

（3）器质性生长激素缺乏症。可发生于任何年龄，其中由围生期异常情况导致者，常伴有尿崩症状。值得警惕的是颅内肿瘤则多有头痛、呕吐、视野缺损等颅内压增高和视神经受压迫的症状和体征。

2. 临床表现

（1）出生时身高体重正常，3～6 个月后出现生长速率减慢，每年小于 4 厘米，2～3 岁时身高明显低于同龄儿童。

（2）匀称性矮小。

（3）面容幼稚、皮下脂肪丰满，声音尖细。

（4）骨龄延迟 2 岁以上。

（5）青春发育迟缓。

（6）智力正常。

（7）生长激素激发实验。生长激素峰值小于 5 纳克 / 毫升为完全性生长激素缺乏，生长激素峰值 5~10 纳克 / 毫升为不完全性生长激素缺乏。

（8）生长介质胰岛素样生长因子结合蛋白 3（IGFBP3）低于正常。

（9）头颅蝶鞍 X 线光片可发现蝶鞍容积小，头颅 MRI 可显示垂体缩小，垂体后叶移位、消失及垂体柄消失等。

（10）如伴有甲状腺激素分泌不足或肾上腺皮脂激素分泌不足，可出现相应的临床表现。

3. 实验室检查

家长对生长激素缺乏症诊断检查结果应有所认知。

（1）生长激素刺激实验。生长激素缺乏症的诊断依靠生长激素测定，正常人血清生长激素值很低，且呈脉冲式分泌，受各种因素影响，故随意取血测血生长激素对诊断没有意义，但若任意血生长激素水平明显高于正常（>10

微克/升），可排除生长激素缺乏症。因此，怀疑生长激素缺乏症儿童必须做生长激素刺激试验，以判断垂体分泌生长激素的功能。

生理试验系筛查试验，药物试验为确诊试验。一般认为在试验过程中，生长激素峰值小于10微克/升，即为分泌功能不正常。生长激素峰值为5~10微克/升，为生长激素部分缺乏。生长激素峰值小于5微克/升，为生长激素完全缺乏。由于各种生长激素刺激试验均存在一定局限性，必须两种以上药物刺激试验结果都不正常时，才可确诊为生长激素缺乏症。一般多选择胰岛素加可乐定或左旋多巴试验。对于年龄较小的儿童，尤其空腹时有低血糖症状者给胰岛素要特别小心，因其易引起低血糖惊厥等严重反应。此外，若需区别病变部位是在下丘脑还是在垂体，需做生长激素释放激素（GHRH）刺激试验。

（2）血生长激素的24H分泌谱测定。正常人生长激素峰值与基值差别很大，24小时的H分泌量才能比较正确反映体内生长激素分泌情况，尤其是对生长激素神经分泌功能不全患儿，其生长激素分泌量药物刺激试验可为正常，但其24小时分泌量则不足，夜晚睡眠时的生长激素峰值亦低，但该方案繁琐、抽血次数多，不为病人接受。

（3）胰岛素样生长因子-1（IGF-1）的测定。胰岛素样生长因子-1主要以蛋白结合的形式（胰岛素样生长因子结合蛋白）存在于血循环中，其中以胰岛素样生长因子结合蛋白3为主（95%以上），胰岛素样生长因子结合蛋白3有运送和调节胰岛素样生长因子-1的功能，其合成也受生长激素-胰岛素样生长因子（GH-IGF）轴的调控，因此胰岛素样生长因子-1和胰岛素样生长因子结合蛋白3都是检测该轴功能的指标，两者分泌模式与生长激素不同，呈非脉冲式分泌，故甚为稳定，其浓度在5岁以下小儿甚低，且随年龄及发育表现较大，青春期达高峰，女童比男童早2年达高峰，目前一般可作为5岁到青春发育期前儿童生长激素缺乏症筛查检测，该指标有一定的局限性，还受营养状态、性发育程度和甲状腺功能状况等因素的影响，判断结果时应注意。

(4) 其他辅助检查。

① X 线检查：常用右手腕掌指骨片评定骨龄。生长激素缺乏症患儿骨龄落后于实际年龄 2 岁或 2 岁以上。

② CT 或 MRI 检查：已确诊为生长激素缺乏症的患儿，根据需要选择头颅 CT 或 MRI 检查，以了解下丘脑－垂体有否器质性病变，尤其对肿瘤有重要意义。

(5) 其他内分泌检查。

生长激素缺乏症一旦确立，必须检查下丘脑－垂体轴的其他功能，根据临床表现可选择测定促甲状腺素（TSH）、甲状腺素（T4）或促甲状腺素释放激素（TRI）刺激试验和促黄体生成速释放激素（LHRH）试验以判断下丘脑－垂体、甲状腺轴和性腺轴的功能。

所以，小儿有以下情况家长们可作为主要诊断依据前往医院就诊：

① 身材矮小，身高落后于同年龄、同性别正常儿童第三百分位数以下。

② 生长缓慢，生长速度少于 4 厘米 / 年。

③ 骨龄落后于实际年龄 2 年以上。

④ 生长激素刺激试验示生长激素部分或完全缺乏。

⑤ 智能正常，与年龄相称。

⑥ 排除其他疾病影响。

4. 治疗

(1) 取穴。百会、印堂、人中、合谷、巨阙、中脘、关元、气海、足三里、三阴交、哑门、心俞、肝俞、脾俞、肾俞、气海俞。

(2) 手法。按、揉。

(3) 方法。

① 仰卧：揉百会、印堂各 5 分钟；按人中 1 分钟；按合谷、巨阙，中脘、关元、气海、足三里、三阴交各 2 分钟，揉 3 分钟。

② 俯卧：揉哑门 5 分钟；按心俞、肝俞、脾俞、肾俞、气海俞 3 分钟，揉 5 分钟。

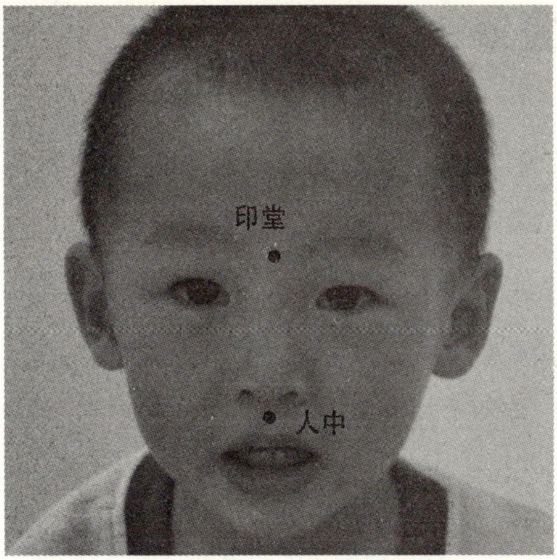
印堂
人中

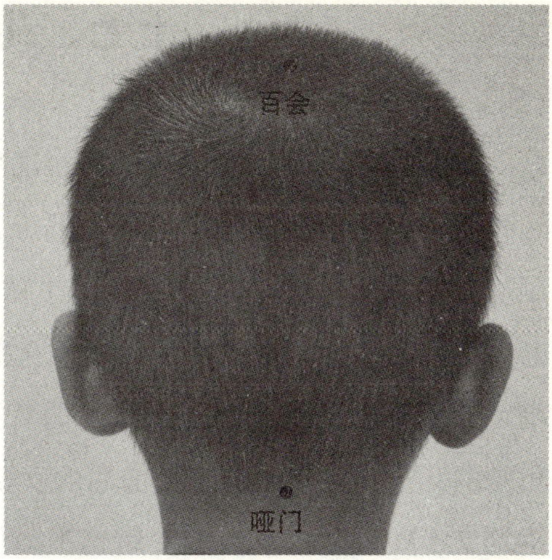
百会
哑门

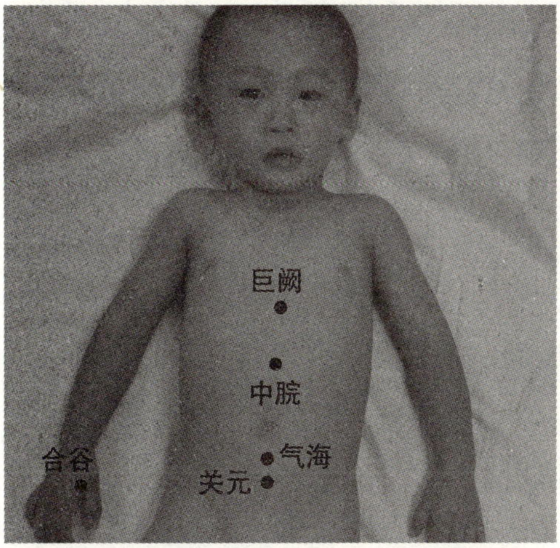
巨阙
中脘
合谷
气海
关元

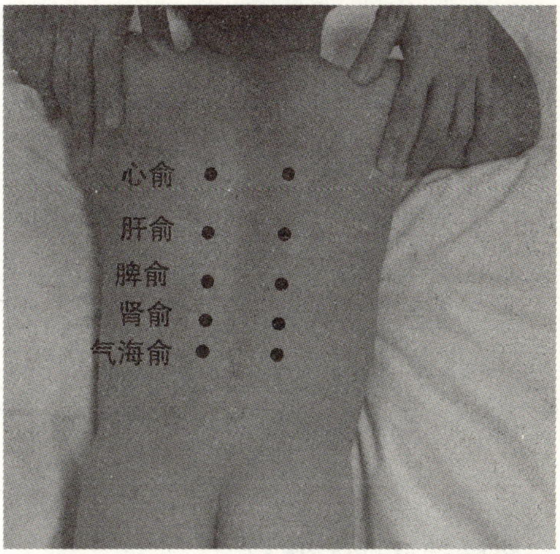
心俞
肝俞
脾俞
肾俞
气海俞

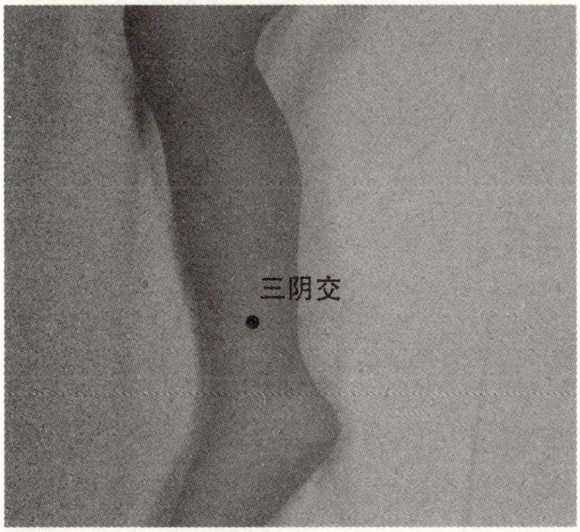
三阴交

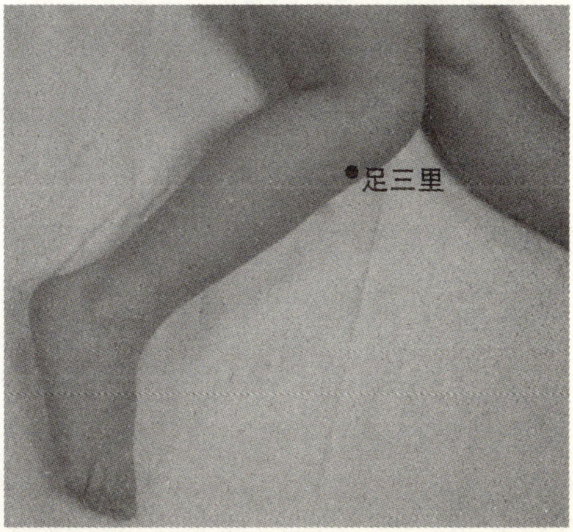
足三里

十七、儿童偏头痛

偏头痛是一种反复发作的神经血管性头痛，多在单侧，每次发作性质与过程相似，间歇期正常。可伴发恶心、呕吐、视觉改变以及对光和声音的过度敏感等症状。在小儿神经科门诊初诊病人中，22%的患儿以头痛为主诉，其中约1/2为小儿偏头痛。关于偏头痛的流行病学调查，由于调查的年龄范围、诊断标准及调查方式不同，调查结果往往存在差异。偏头痛可见于任何年龄的儿童，特别是青春期前后的女孩。小儿偏头痛发病年龄多为6～10岁，平均7.5岁；但6岁以前发病也不少见，在6～12岁儿童中，偏头痛的患病率为2%～5%；此后随年龄增加而逐渐增多，14岁左右患病率约为10%；成人患病率为10%～30%。在所有儿童中，偏头痛的发病率为3%～7%，青春期前男女发病率相等或男略多于女，青春期后女孩发病率明显高于男孩。

1. 病因

目前认为偏头痛是在遗传基础上形成的局部颅内外血管对神经－体液调节机制的阵发性异常反应。紧张、恐惧、激动、睡眠不足、气候变化、噪音、闪光刺激、某些特殊食物的摄入如奶酪、巧克力等因素，均可诱发偏头痛发作。

偏头痛真正的病因与发病机制尚未明确，但偏头痛发作时颅内、外血管舒缩障碍已被证实。

（1）遗传因素。现认为偏头痛与遗传有关，其阳性家族史为50%～80%双亲都患偏头痛，其子女患偏头痛的约占70%；单亲患偏头痛的，子女的患病机会约50%；单卵双胎共同发生率为50%以上。这些都表明遗传因素在偏头痛发生中的重要作用，为多基因遗传，但基底动脉型偏头痛和家族性偏瘫型偏头痛例外。

（2）血管源因素。认为偏头痛的先兆症状与颅内血管的收缩有关，随后由于颅外血管的扩张，血管周围组织产生血管活性多肽，导致无菌性炎症而诱发头痛。

（3）神经源因素。认为偏头痛时神经功能变化是首要的，血流量的变化是继发的。

（4）三叉神经血管反射因素。三叉神经传入纤维末梢释放 P 物质及其他神经递质，经过传出神经作用于颅内外血管，引起头痛和血管扩张。

（5）其他因素。有关偏头痛发病机制尚有低镁学说、高钾诱导血管痉挛、自主神经功能紊乱学说及大脑细胞电流紊乱等。

2. 实验室检查

胃肠道症状重者可致代谢性酸中毒，应做血钠、血钾、血氯、血钙、血 pH 等检查。其他辅助检查：应做脑电图和脑血流图检查，可发现异常。

3. 临床表现

小儿偏头痛的临床表现与成人基本相似，但与成人比较又有许多不同之处。小儿偏头痛发作时的症状不如成人鲜明，但胃肠道症状非常突出，小儿偏头痛的临床特点如下。

（1）发作持续时间短，但发作次数较频。

（2）双侧头痛多见，偏侧头痛相对少见。

（3）视觉症状及头痛为搏动性较少见。

（4）胃肠道症状突出常伴有恶心、呕吐、腹痛。

（5）有家族遗传史者多见。

（6）伴夜尿夜惊、夜游症、晕车晕船者多见。

4. 诊断标准

（1）发作头痛时伴有腹痛、恶心或呕吐。

（2）偏侧头痛。

（3）头痛性质呈跳动或搏动性、刺痛性。

（4）经短暂时间后能完全缓解。

（5）有视觉、感觉或运动性先兆。

（6）在一级亲属中有一个或更多成员有头痛史，头痛特征如具有以上几项中之3项以上则较支持偏头痛的诊断。

5. 治疗

（1）取穴。头维、印堂、太阳、百会、风池、风府、曲池、外关、合谷。

（2）手法。揉、按、点、推法。

（3）方法。

①仰卧位，双手拇指从印堂沿眉框至太阳推1分钟，揉头维、印堂、太阳、百会各2分钟。

②点曲池、外关各1分钟，揉2分钟；揉合谷2分钟。

③俯卧位，按风池、风府、大椎各2分钟，揉2分钟。

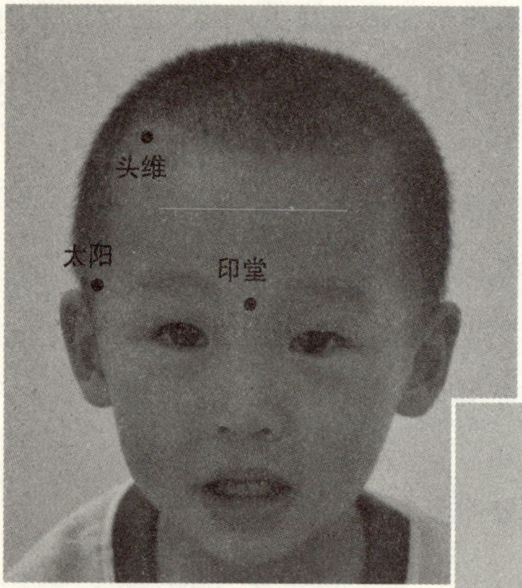

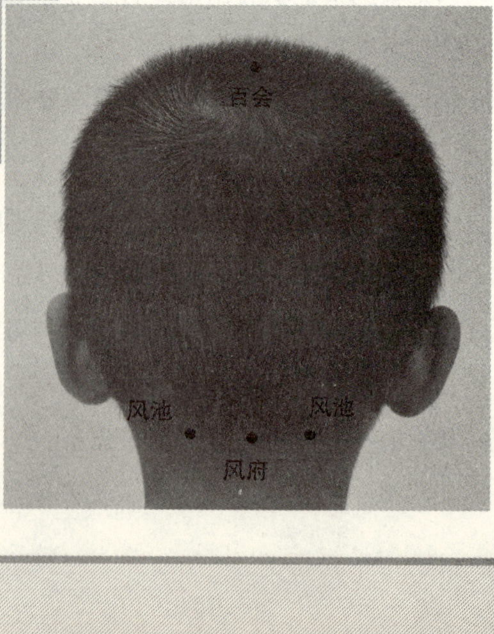

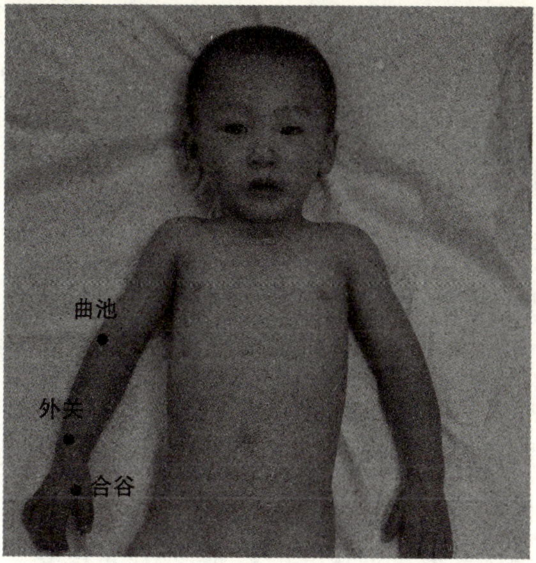

十八、小儿多动症

小儿多动症即注意缺陷多动障碍，是指与同龄儿童相比，有明显的注意力集中困难、注意力持续时间短暂、活动过度或冲动的一组综合征。是儿童时期最常见的行为障碍，学龄儿童患病率为 2%～10%。小儿多动症通常于 6 岁前起病，70%患儿症状可持续到青春期，1/3 可延续至成年。

1. 临床表现

（1）注意障碍。注意障碍为小儿多动症最主要的表现之一。表现为注意力不集中，上课不能专心听讲，易受环境干扰而分心。频繁地改变注意对象。做作业时不能全神贯注，家长描述为做做玩玩、粗心大意；对家长的指令心不在焉，似听非听。做事有始无终，常半途而废或虎头蛇尾。做作业拖拉，不断地以喝水、吃东西、小便等理由中断，做作业时间明显延长。有些患儿表现为凝视一处，走神、发呆，眼望老师，但脑子里不知想些什么。老师提问时常不知道提问的内容。

(2) 活动过度。活动过度是小儿多动症另一常见的主要症状。表现为明显的活动增多，不适当地奔跑、爬上爬下或小动作不断，在教室里不能静坐，常在座位上扭来扭去，严重时离开座位走动或擅自离开教室。话多、“人来疯”、喧闹、插嘴、惹是生非、影响课堂纪律，目的为引起别人注意。喜欢玩危险游戏，常常丢失东西。

(3) 冲动性。情绪不稳、易激惹冲动、任性、自我控制能力差。易受外界刺激而过度兴奋，易受挫折。幼稚、行为不考虑后果，易出现危险或破坏性行为，事后不会汲取教训。

(4) 学习成绩低下或波动较大。小儿多动症患儿智力正常或基本正常，学习成绩低下或波动较大的原因与注意力不集中、多动有关。出现学习成绩低下的时间，取决于智力水平及小儿多动症的轻重程度。智力水平中下的严重患儿学龄早期即出现学习成绩低下；智力水平较高的小儿多动症症状较轻者可在较高年级才出现学习成绩低下。

2. 诊断

(1) 诊断小儿多动症必须符合以下 5 项标准。

① 症状学标准（见表 2）。其中注意缺陷症状至少符合表 2 中 6 项，且持续至少 6 个月，达到适应不良的程度，并与发育水平不相称；多动、冲动症状至少符合表 2 中 6 项，达到适应不良的程度，并与发育水平不相称。

② 起病与病程。7 岁前出现症状，至少持续 6 个月。

③ 某些症状造成的损害至少在两种场合（如学校和家里）出现。

④ 严重程度标准。在社交、学业或成年后职业功能上，具有明显的临床损害证据。

⑤ 必须排除以下疾患。精神发育迟滞、广泛性发育障碍、儿童精神分裂症、躁狂发作和双相障碍、焦虑障碍、特殊性学习技能发育障碍、各种器质性疾病（如甲亢）和各种药物副反应所导致的多动症状等。

表 2　诊断小儿多动症的症状学标准

	注意缺陷症状	多动、冲动症状
1	在学习、工作或其他活动中，常常不注意细节，容易出现粗心所致的错误	常常手脚动个不停，或在座位上扭来扭去
2	在学习或游戏活动时，常常难以保持注意力	在教室或其他要求坐好的场合，常常擅自离开座位
3	注意力不集中（说话时常常心不在焉，似听非听）	常常在不适当的场合过分地奔来奔去或爬上爬下（在青少年或成人可能只有坐立不安的主观感受）
4	往往不能按照指示完成作业、日常家务或工作（不是由于对抗行为或未能理解所致）	往往不能安静地游戏或参加业余活动
5	经常难以完成有条理、有顺序的任务或其他活动	常常一刻不停地活动，好像有个马达在驱动他
6	不喜欢、不愿意从事那些需要精力持久的事情（如作业或家务），常常设法逃避	常常话多
7	常常丢失学习、活动所必需的东西（如玩具、课本、铅笔、书或工具等）	常常别人问话未完即抢着回答
8	很容易受外界刺激而分心	在活动中常常不能耐心地排队等待轮换上场
9	在日常活动中常常丢三落四	常常打断或干扰他人（如别人讲话时插嘴或干扰其他儿童游戏）

（2）与正常活泼好动儿童的区别。小儿多动症患儿存在注意力缺陷、冲动、多动，学习和人际交往受到了严重阻碍。但活泼、好动是孩子的天性，有些儿童的好动是属于贪玩或者缺乏学习兴趣，而非小儿多动症。二者区别在于以下几点。

①有无场合性和时间性。小儿多动症孩子的多动和冲动是不分场合的，比如大家非常安静地在教室里上课，他会突然地出怪声，这就属于小儿多动症。好动儿童在严肃的、陌生的环境中，有较强的自我控制能力。

②有无目的性。小儿多动症孩子的多动是无目的的、杂乱的，他们往往意志力薄弱，做事有始无终，常常一件事情没有做完又去换另一件事情。而好动儿童具有较强的意志力，他们的活动常具有一定的目的，并有计划及安排。

③有无真正的兴趣爱好。小儿多动症孩子没有真正的兴趣爱好，无论何时何地，都不能较长时间集中注意力。而好动儿童对于感兴趣的事情能全神贯注，并且还讨厌别人的干涉和影响。

④是否可被理解。小儿多动症孩子的多动和冲动往往没有原因，常常使人难以理解。而好动儿童即使特别淘气，他的好动也往往事出有因，能为人们所理解。

⑤与伙伴的关系。小儿多动症的孩子往往伙伴关系不好，常常说“他们不和我玩”。而好动儿童的伙伴关系一般较好。

3. 治疗

(1) 取穴。头维、印堂、太阳、百会、风池、风府、曲池、外关、合谷、肝俞、脾俞、肾俞、足三里、三阴交、膻中、巨阙。

(2) 手法。揉、按、点、推、捏脊法。

(3) 方法。

①仰卧位，双手拇指从印堂沿眉框至太阳推1分钟，揉头维、印堂、太阳、百会各2分钟。

②按膻中、巨阙各2分钟，揉1分钟

③点曲池、外关各1分钟，揉2分钟；揉合谷2分钟。

④按足三里、三阴交各2分钟，揉2分钟。

⑤俯卧位，按风池、风府、大椎各2分钟，揉2分钟。

⑥按肝俞、脾俞、肾俞各2分钟，揉2分钟。

⑦捏脊。

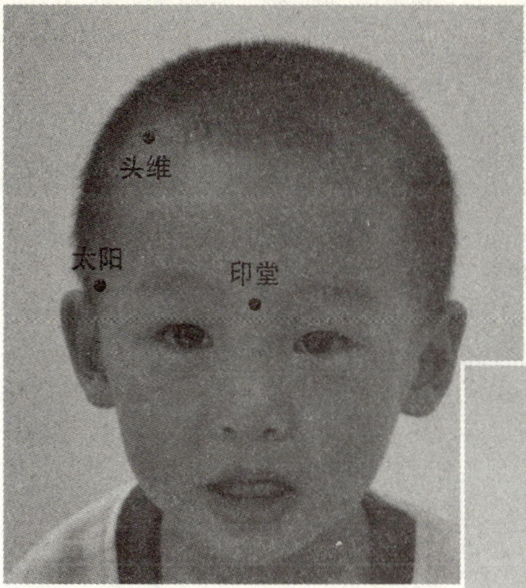
头维
太阳
印堂

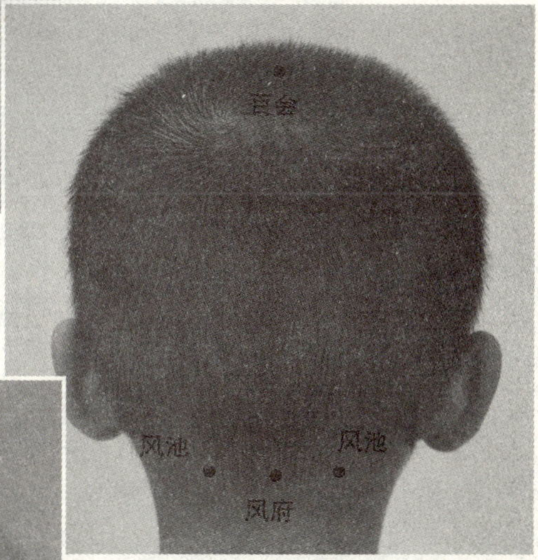
百会
风池
风池
风府

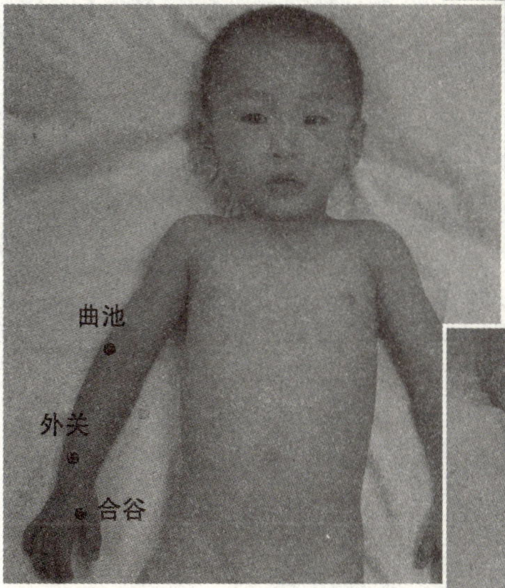
曲池
外关
合谷

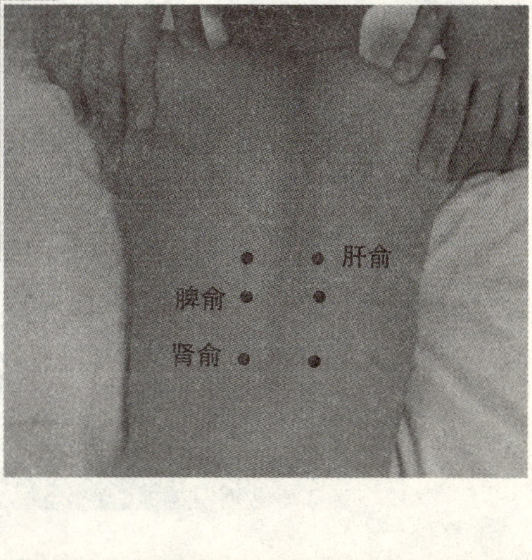
肝俞
脾俞
肾俞

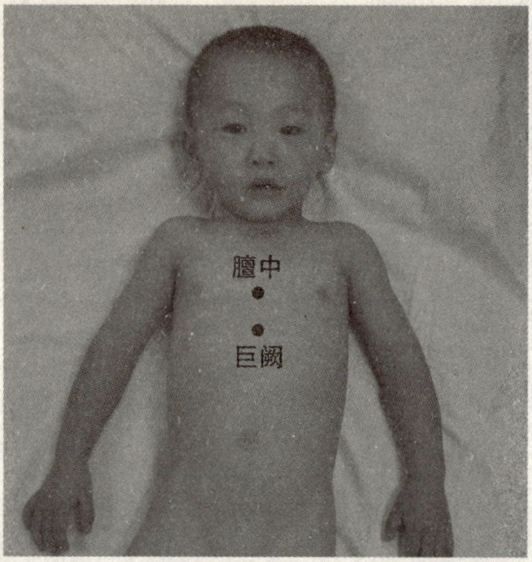
膻中
巨阙

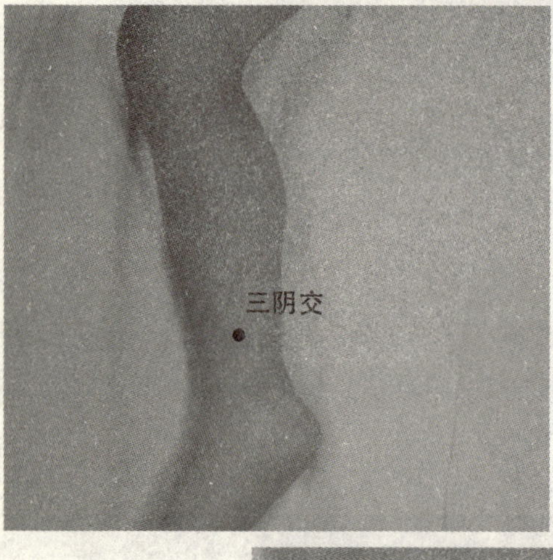
三阴交

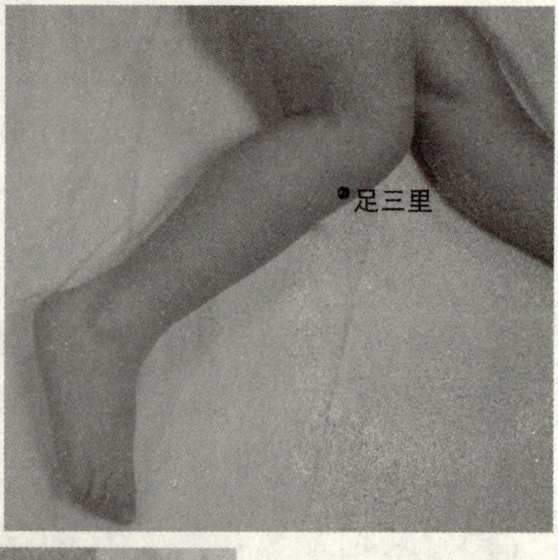
足三里

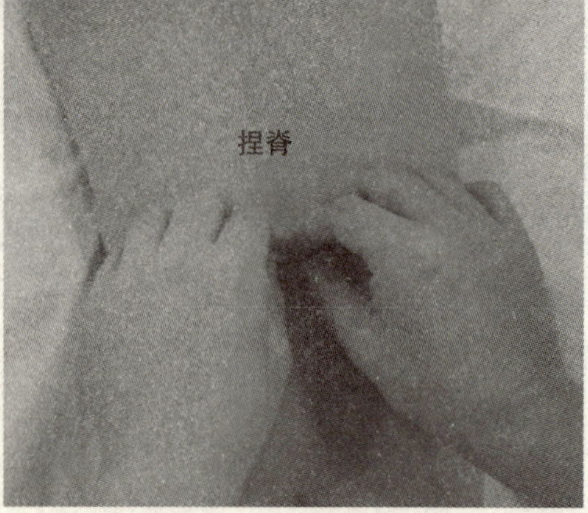
捏脊

十九、儿童鼻炎

小儿鼻炎是指鼻腔黏膜和黏膜下组织的炎症，从发病的急缓及病程的长短来说，可分为急性鼻炎和慢性鼻炎。另外，还有一种十分常见的与外界环境有关的鼻炎为过敏性鼻炎。

1. 病因

（1）小儿慢性鼻炎症状。以鼻塞、嗅觉失灵为特征。慢性单纯性鼻炎白天活动时鼻塞减轻，而夜间、静坐时鼻塞加重。侧卧时，居下侧之鼻腔阻塞，上侧鼻腔通气良好，当卧向另一侧后，鼻塞又出现于另侧鼻腔。鼻涕呈黏液性，常伴头痛、头昏、嗅觉减退等。慢性肥厚性鼻炎多为持续性鼻塞，鼻涕呈黏液性或黏液脓性，可出现耳鸣、听力减退、头痛、失眠、精神萎靡等。

（2）小儿急性鼻炎症状。起病时有轻度恶寒发热，全身不适，鼻咽部灼热感，鼻内发干、发痒、打喷嚏。1～2 日后渐有鼻塞，流大量清水样鼻涕，嗅觉减退，头痛。3~4 日后因继发感染，分泌物转为黄脓鼻涕不易擤出，鼻塞更重。如无并发症，约 1 周左右恢复正常。因为对外界适应力较差，所以儿童更容易发鼻炎。

（3）小儿过敏性鼻炎。过敏性鼻炎的临床特征为反复发作性鼻痒、喷嚏、流大量清涕，以及发作时鼻黏膜苍白，呈季节性或常年性发作。

2. 治疗

（1）取穴。印堂、太阳、百会、迎香、人中、风池、风府、曲池、合谷。

（2）手法。揉、按、点、推、捏脊法。

3. 方法

① 仰卧位，双手拇指从印堂沿眉框至太阳推 1 分钟，揉印堂、太阳、百会、人中各 2 分钟。

②点曲池、外关各 1 分钟，揉 2 分钟；揉合谷 2 分钟。

③俯卧位，按风池、风府各 2 分钟，揉 2 分钟。

④捏脊。

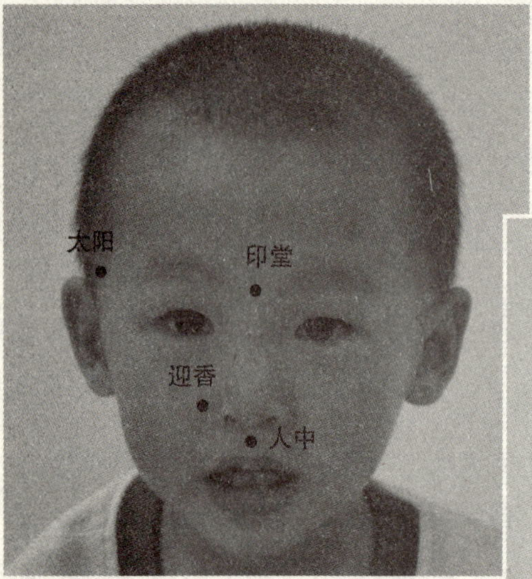

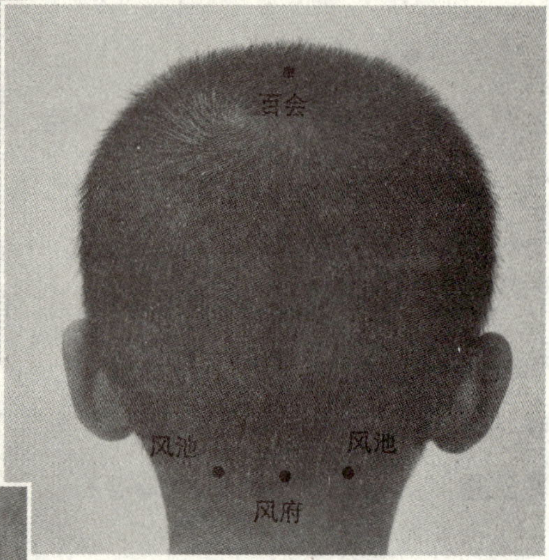

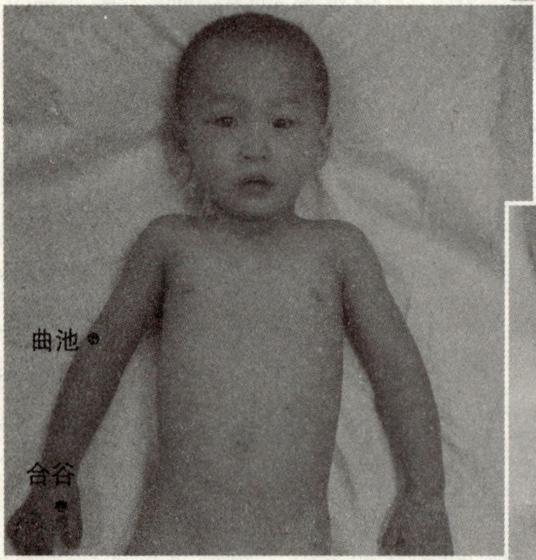

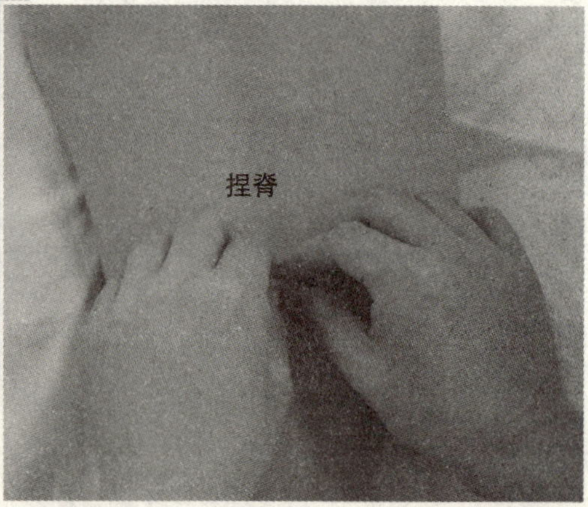

二十、脑性瘫痪

脑性瘫痪通常是指在出生前到出生后1个月内由各种原因引起的非进行性脑损伤或脑发育异常所导致的中枢性运动障碍。临床上以姿势与肌张力异常、肌无力、不自主运动和共济失调等为特征，常伴有感觉、认知、交流、行为等障碍和继发性骨骼肌肉异常，并可有癫痫发作。出生1个月后各种原因引起的非进行性中枢性运动障碍，有时又称为获得性脑瘫，约占小儿脑性瘫痪的10%。脑性瘫痪的发病率约为1.2‰~2.5‰。

1. 病因

引起脑性瘫痪的原因很多，但找不到原因者可能达1/3以上。有时一些病例也可能存在多种因素。

产前因素最常见，包括遗传和染色体疾病、先天性感染、脑发育畸形或发育不良、胎儿脑缺血缺氧致脑室周围白质软化或基底节受损等。围产因素指发生在分娩开始到生后1周内的脑损伤，包括脑水肿、新生儿休克、脑内出血、败血症或中枢神经系统感染、缺血缺氧性脑病等。围产因素可能是引起早产儿脑瘫的重要原因。晚期新生儿以后的因素包括从1周至4岁间发生的中枢神经系统感染、脑血管病、头颅外伤、中毒等各种引起的非进行性脑损伤的病因。

早产和宫内发育迟缓虽然不是脑瘫的直接原因，但它们是脑瘫的重要的高危因素。母亲宫内炎症或绒毛膜羊膜炎，作为一项潜在的危险因素已经越来越被引起重视。

2. 临床表现

（1）痉挛性偏瘫。最常见，为一侧肢体受累，多数上肢较下肢严重，远端较近端重，而面部常无受累。患儿多在3个月后才出现明显症状，表现为患侧肢体少动、持续性握拳、握持反射不消失、前臂呈屈曲旋前状姿势、画圈步态等。部分患者受累肢体最初可能表现为肌张力低下，以后才转为痉挛状态。此型常伴有智力低下和癫痫。癫痫发作为部分性或继发全身性发作。斜视很常见。

（2）痉挛性双瘫。以双下肢肌张力增高为突出表现。此型多见于早产儿。患儿常在 1~3 个月内表现为双下肢肌张力低下。继之为所谓肌张力不全期，患儿在立位并且足底触及检查床面时将诱发双下肢强直性伸直并交叉呈剪刀状。最后进入痉挛期，髋与膝关节屈曲、下肢内旋、剪刀步态，严重者不能独立行走。上肢受累较轻，常表现为行走时上肢姿势异常，但手的功能受累不明显。此型合并癫痫较少，约占 1/5。约 2/3 患者智力正常或临界状态。斜视很常见。

（3）痉挛性四肢瘫。多见于严重窒息的患儿。四肢肌张力均增高，常呈角弓反张状。可伴有核上性延髓性麻痹，表现为吞咽和构音障碍。约半数患儿伴有癫痫和智力低下。

（4）不随意运动型。约占 10%，缺氧性脑损伤和新生儿核黄疸为主要病因。婴儿早期多有肌张力低下，以后逐渐出现锥体外系症状，如手足徐动等表现。患儿可有流涎、吞咽困难、语言障碍等。下肢深腱反射正常或增强。可有持续性原始反射。智力大多正常或临界状态。约 1/4 患者伴有癫痫。由核黄疸引起者多表现为手足徐动、感觉性耳聋、牙釉质发育不良等。

（5）共济失调型。约占 10%。婴儿期表现为肌张力低下、平衡障碍、运动发育落后等。至幼儿期可发现辨距不良、意向性震颤等体征。多无锥体束征。智力低下不少见但多不严重。

3. 脑瘫的早期症状

（1）身体发软及自发运动减少。这是肌张力低下的症状，在 1 个月时即可见到。如果持续 4 个月以上，则可诊断为重症脑损伤、智力低下或肌肉系统疾病。

（2）身体发硬。这是肌张力高的症状，在 1 个月时即可见到。如果持续 4 个月以上，可诊断为脑瘫。

（3）反应迟钝及叫名无反应。这是智力低下的早期表现，一般认为4个月时反应迟钝，6个月时叫名无反应，可诊断为智力低下。

（4）头围异常。头围是脑的形态发育的客观指标，脑损伤儿往往有头围异常。

（5）哺乳困难。生后不会吸吮，吸吮无力或拒乳，吸吮后疲乏无力，经常出现呛咳、吐奶现象，嘴不能很好闭合，体重增加不良。

（6）固定姿势。小儿出生后十分安静，哭声微弱或持续哭闹。往往是由于脑损伤使肌张力异常所致，如角弓反张、蛙位、倒U字形姿势等。在生后1个月就可见到。

（7）不笑。如果2个月不能微笑、4个月不能大声笑，可诊断为智力低下。

4. 治疗

治疗计划应以最大限度地改善患儿功能并提高其生活质量为目标，尽可能减少继发性关节畸形和软组织挛缩，尽量推迟或避免手术治疗。

（1）取穴。头维、印堂、太阳、人中、百会、风池、风府、曲池、外关、合谷、肺俞、肝俞、脾俞、肾俞、环跳、足三里、阳陵泉、三阴交、膻中、巨阙、中脘、关元。

（2）手法。揉、按、点、推、捏脊法。

（3）方法。

①仰卧位，双手拇指从印堂沿眉框至太阳推1分钟，揉头维、印堂、太阳、人中、百会各2分钟。

②按膻中、巨阙、中脘、关元各2分钟，揉1分钟

③点曲池、外关、内关、合谷各1分钟，揉2分钟；揉合谷2分钟。

④按足三里、阳陵泉、三阴交各2分钟，揉2分钟。

⑤俯卧位，按风池、风府、大椎各2分钟，揉2分钟。

⑥按肺俞、肝俞、脾俞、肾俞、环跳各2分钟，揉2分钟。

⑦捏脊。

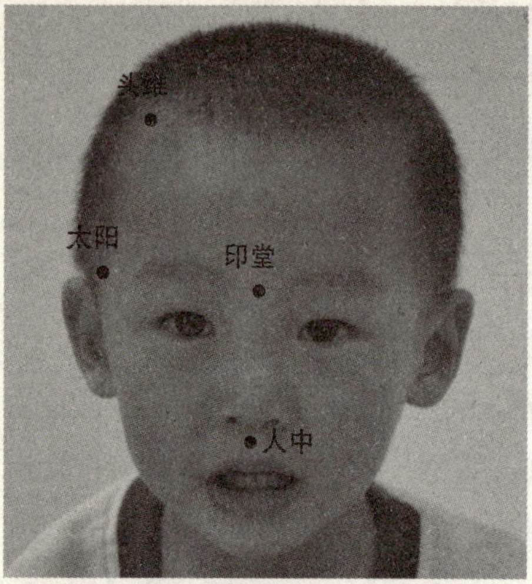
头维
太阳
印堂
人中

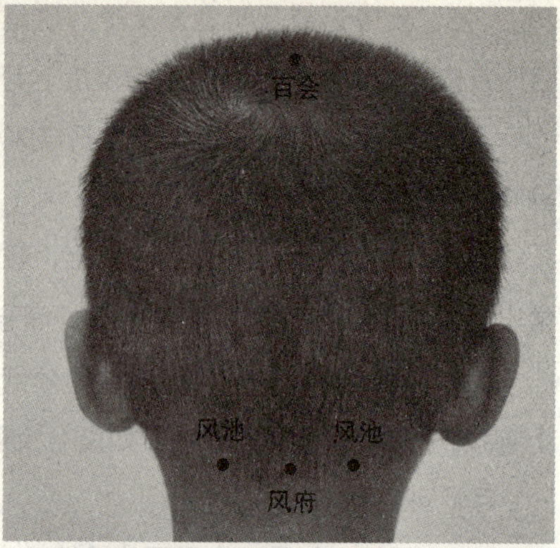
百会
风池
风池
风府

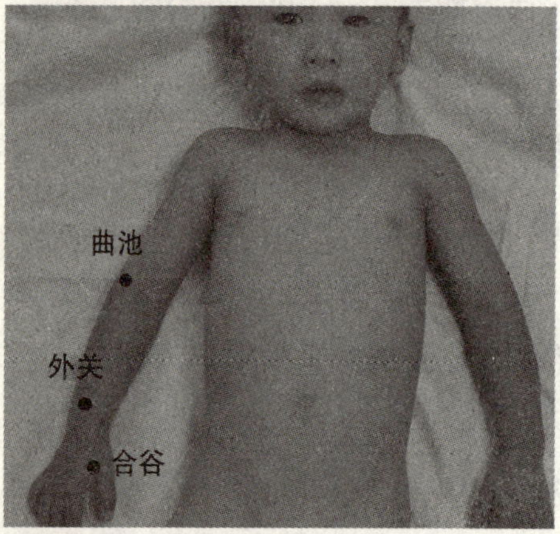
曲池
外关
合谷

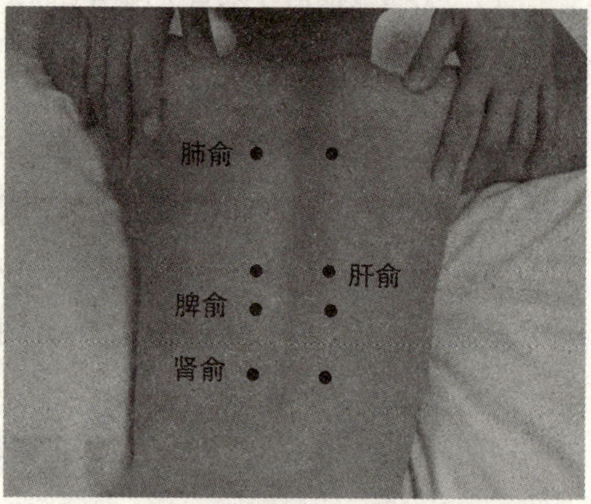
肺俞
肝俞
脾俞
肾俞

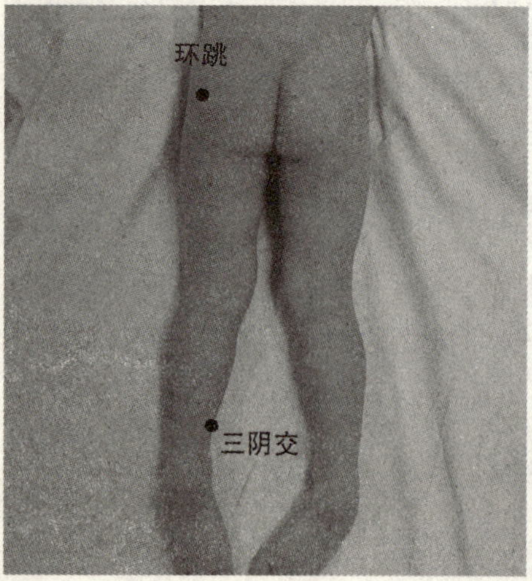
环跳
三阴交

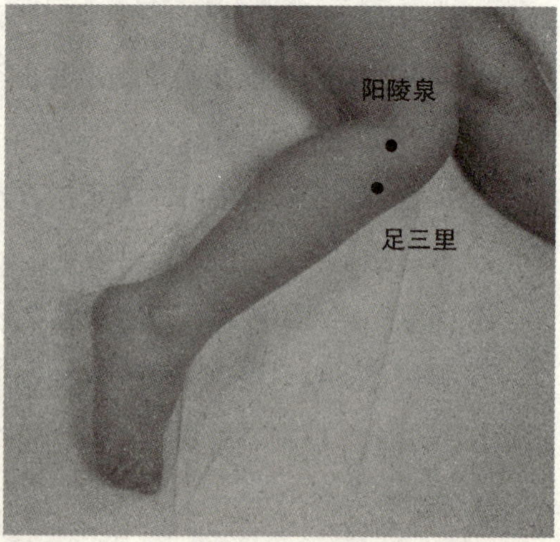
阳陵泉
足三里

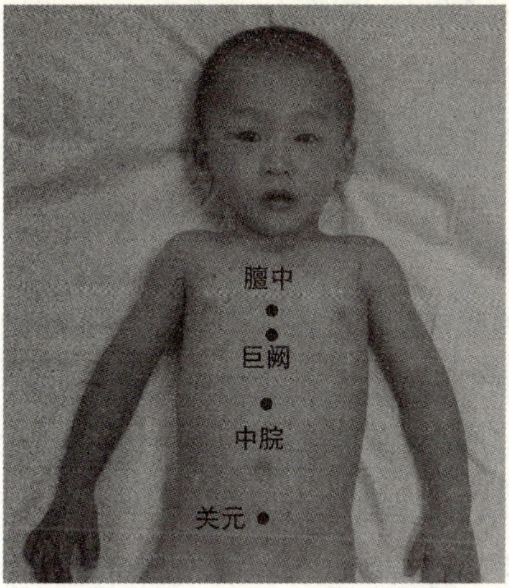

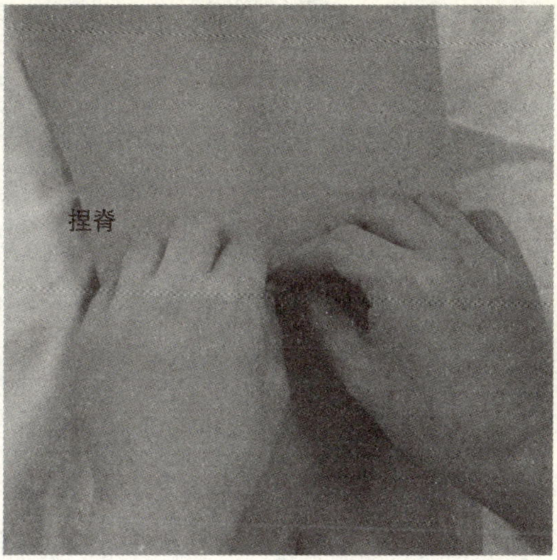

二十一、脊柱侧弯

脊柱侧弯是指脊柱的一个或数个节段在冠状面上偏离身体中线向侧方弯曲，形成一个带有弧度的脊柱畸形，通常还伴有脊柱的旋转和矢状面上后突或前突的增加或减少，同时还有肋骨左右高低不等平、骨盆的旋转倾斜畸形和椎旁的韧带和肌肉的异常，它是一种症状或 X 线体征，可由多种疾病引起。脊柱侧凸通常发生于颈椎、胸椎或胸部与腰部之间的脊椎，也可以单独发生于腰背部。侧弯的出现在脊柱一侧，呈“C”型；或在双侧出现，呈“S”型。它会减小胸腔、腹腔和骨盆腔的容积量，还会降低身高。主要表现为肩和骨盆的倾斜，长期不对称姿势，优势手、下肢不等长，肌肉凸侧组织紧张，凹侧组织薄弱、被牵拉。

1. 分类

（1）麻痹性。麻痹性脊柱侧弯多种原因所致，两侧躯干肌不平衡萎缩或失去功能，可发生麻痹性脊柱侧弯，在我国最常见是由于小儿麻痹症所引起的，占15%；此外，还可见到肌营养不良和高位截瘫所致麻痹性脊柱侧弯。

小儿麻痹性脊柱侧弯的特点为：可发生于任何年龄，由于脊柱肌肉软弱，使其结构和体位不平衡而造成形式繁多的脊柱侧弯，在急性期阶段数月内发生，发展很快，也有数年后缓慢发展加重的。

麻痹性脊柱侧弯的曲度决定于肌力大小、肌肉麻痹引起不平衡及继发挛缩。典型的麻痹性脊柱侧弯是一个长的胸段弯曲，由骶部呈一大“C”型畸形，影响较轻的仅在胸腰段形成一般性“C”型弯曲。卧位时侧弯明显改善，情况严重时腰部躯干肌的张力可完全消失，使腰椎形成广泛可活动弯曲，常发生腰椎瘫塌，病人无法起坐，失去工作和生活自理能力。

（2）先天性。先天性脊柱侧弯并不少见，仅次于特发型脊柱侧弯，其原因尚不清楚，与妊娠期第4~7周时，受到母体之内、外环境变化刺激有关，生后即出现有畸形征象，但由于诊断常识和诊断手段缺乏等原因，病变常为家长和医生忽视，直至畸形发展明显后，才被发现。先天性脊柱侧弯是否会发展加重，取决于畸形形态，大多数先天性脊柱侧弯都需要治疗，否则会迅速发展加重。非手术治疗，如体表电刺激治疗或塑料支具治疗，不可能获得持久的疗效，只能用于一段时期，以控制和延缓畸形发展加重，推延手术时间。

（3）神经肌肉型。此型脊柱侧弯是由已知的神经肌肉本身的病变所致，如上运动神经元损伤病变：大脑瘫，儿童期高位脊髓损伤后，发生脊柱畸形。还有下运动神经元损伤所致侧弯，最常见的有小儿麻痹后脊椎侧弯，脊膜膨出等及肌肉本身病变也可发生脊柱侧弯，如进行性肌营养不良症等。

2. 检查

由于脊柱侧弯往往不被人重视，家长学会检查是关键，及早发现脊柱侧弯可以及早就医治疗。

（1）让孩子端坐，手下垂，两目平视，家长察看胸背部两侧肌肉是否对称。有侧弯的孩子，往往右侧腰肌瘦小。一旦发现问题，应到医院照X线片，找有经验的骨科医生进一步诊断，千万不要掉以轻心。

(2) 当女孩子月经初潮时，要注意观察孩子的脊柱，因脊柱侧弯度加大，往往是在月经初潮以后。检查方法：让孩子端坐，用拇指、食指从第7颈椎(颈背最高处)夹住脊柱往下摸触，至腰骶部，看是否是一直线。

(3) 让孩子站立，两手合拢，慢慢往前弯曲脊柱，弯至90°。察看腰椎两旁、胸椎两旁是否一样平坦，如发现一侧高，一侧低，要高度重视。

3. 治疗

(1) 取穴。风池、风府、肺俞、心俞、肝俞、脾俞、肾俞、膀胱俞、环跳、足三里、阳陵泉、三阴交、膻中、巨阙、中脘、关元。

(2) 手法。揉、按、点、推、捏脊法。

4. 方法

① 仰卧位，按膻中、巨阙、中脘、关元各2分钟，揉1分钟。

② 按足三里、阳陵泉、三阴交各2分钟，揉2分钟。

③ 俯卧位，按风池、风府、大椎各2分钟，揉2分钟。

④ 按肺俞、心俞、肝俞、脾俞、肾俞、膀胱俞、环跳各2分钟，揉2分钟。

⑤ 捏脊。

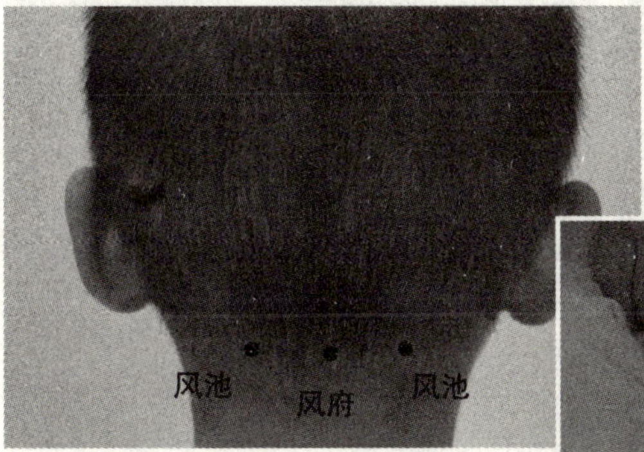

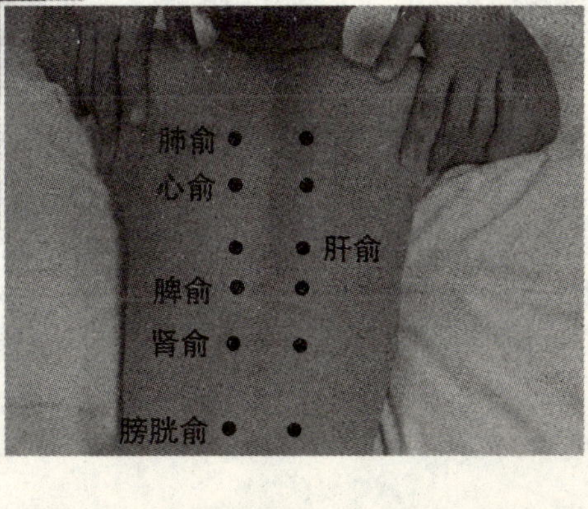

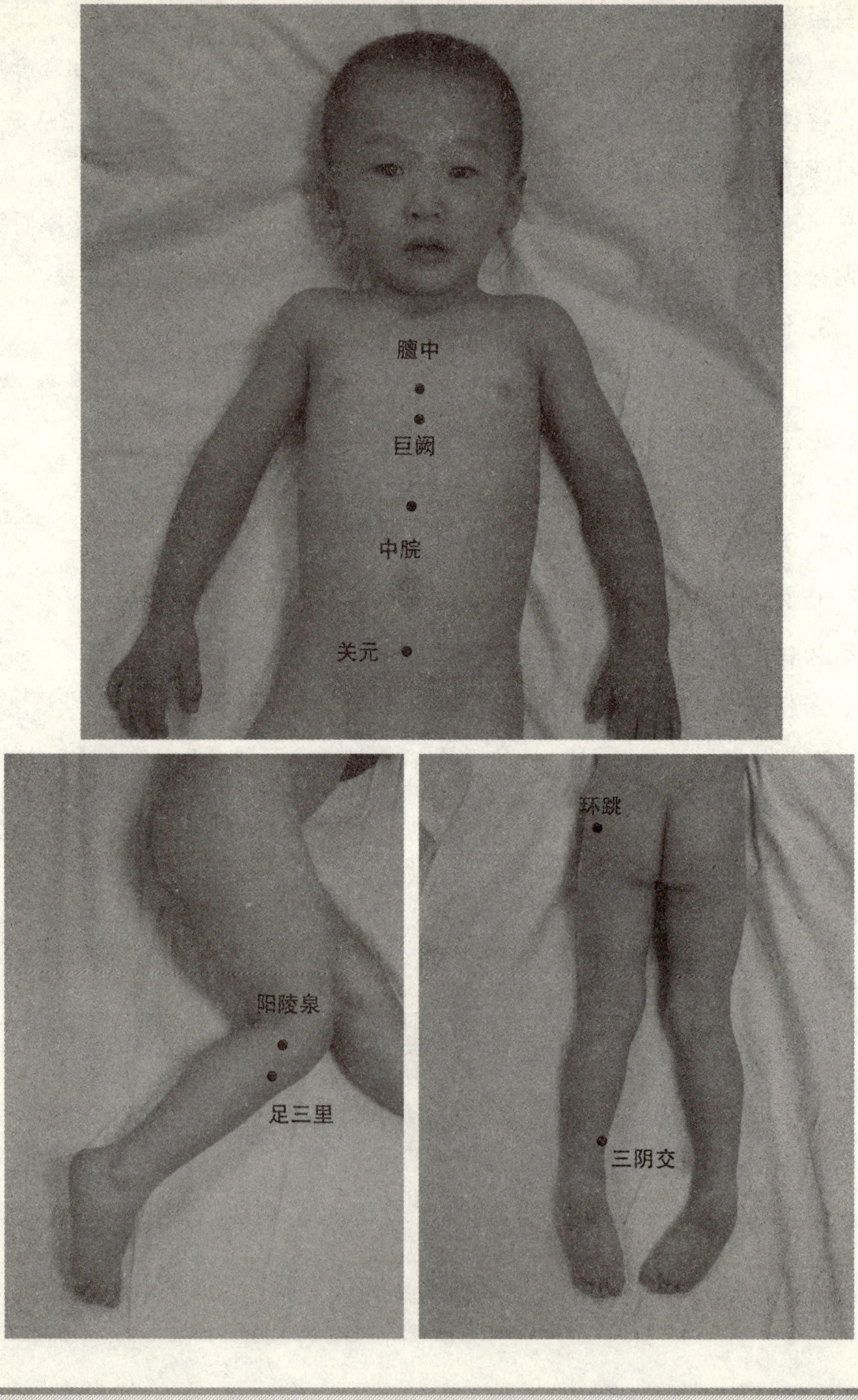
膻中
巨阙
中脘
关元
阳陵泉
足三里
环跳
三阴交

二十二、发育性髋关节脱位

发育性髋关节脱位是由于遗传、臀位产、捆腿等因素造成单侧或双侧髋关节不稳定，股骨头与髋臼对位不良的一种疾病。一般容易忽视，部分患儿由细心的母亲在哺乳期发现，大多数患儿在1～1.5岁学步走路或其以后才发现，很少一部分患儿由有经验的助产医师发现，髋臼发育不良或有半脱位的患者多在髋关节出现骨性疼痛症状和体征时才被发现。近年临床发现，发病人群年龄逐渐加大，越来越多的患者直到成年后因运动量过大才发现典型症状，常被误诊为髋关节滑膜炎、股骨头坏死等。

1. 检查

（1）外展试验。正常婴儿双髋外展一般在70°～80° 左右，若外展在50°～60° 为阳性，在40°～50° 为强阳性。大多数髋关节脱位患儿此试验为阳性或强阳性。

（2）Allis征。双髋屈曲90° ，双膝充分屈曲时，因髋关节脱位使大腿短缩，所以一侧膝关节低于对侧膝关节，称Allis征阳性。此征只适用于单侧发病者。

（3）Ortolani征。一手握住一侧膝关节或固定骨盆，另一手握住一侧下肢，拇指放于大腿内侧，其他四指放于大转子处，向下肢加压外展，可听到或感到弹跳，这是由脱位的股骨头通过杠杆作用滑入髋臼而产生，则为阳性，即可诊断髋关节脱位。但小儿哭闹乱动或内收肌过紧时，该体征可能表现为阴性。因此阴性结果并不排除脱位的存在。

（4）Barlow试验。一手固定骨盆，另一手握住下肢，拇指放于大腿内侧的小转子处，其他手指放于大转子位置。此时拇指向外、后加压，同时沿大腿纵轴向近端适当加压。若股骨头自臼内脱出，可听到或感到弹跳。当解除加压后股骨头滑回髋臼，也可出现弹跳，则为阳性，提示髋关节不稳定。

（5）望远镜试验。检查者一手握住大腿远端，另一手拇指和其余4指置于髂嵴处，令髋关节处于内收位，相继屈曲和伸直牵拉动作时有活塞样异常活动或感觉者为阳性。又称套叠征。

(6) 单髋负重试验。正常单侧肢体站立时，对侧臀皱襞向上倾斜。当健肢站立时，对侧臀皱襞向上倾斜，当患肢站立时，对侧臀皱襞并不向上倾斜，反而呈下降现象，说明股骨头不在原位，不能有效地抵住骨盆，臀肌稳定髋关节的功能减低或消失，则为阳性。因此本试验在臀中肌麻痹、髋内翻等原因引起的髋关节不稳定状态也可出现。

2. 病理特点

(1) 髂腰肌紧张、挛缩，压迫髋臼的入口。

(2) 关节囊变形呈葫芦样。

(3) 股骨头颈变形，主要有股骨头呈椭圆形，股骨颈短，股骨颈前倾角增大。

(4) 髋臼变形，主要有髋臼窝浅小，呈三角形，髋臼指数增大，关节盂唇内卷。

(5) 股圆韧带增粗变长，关节软骨变性等。

3. 先天性髋关节脱位的分型

(1) 单纯性先天性髋脱位。

① 髋关节发育不良。又称为髋关节不稳定，X线片常以髋臼指数增大为特点，多数采用髋关节外展位而随之自愈，约1/10将来发展为先天性髋脱位，还有少数病例持续存在髋臼发育不良，年长后出现症状。

② 髋关节半脱位。X线片有髋臼指数增大，髋臼覆盖着部分股骨头，这是一种独立的类型，可长期存在而不转化为全脱位。

③ 髋关节全脱位。股骨头完全脱出髋臼，根据股肌头脱位的高低可分为4度。

Ⅰ度：股骨头仅向外方移位，位于髋臼同一水平；

Ⅱ度：股骨头向外、上方移位，相当于髋臼外上方水平；

Ⅲ度：脱出的股骨头位于髂骨翼的部位；

Ⅳ度：脱出的股骨头上移达骶髂关节水平。

（2）畸形型先天性髋脱位。典型者呈双髋脱位，双膝关节处于伸直位僵硬，不能屈曲，两足平足呈外旋位，还常合并上肢畸形。

新生儿及婴儿先天性髋脱位：先天性髋脱位在新生儿期诊断较为困难，一旦确诊治疗容易，且会获得理想的治疗效果。因为新生儿期病理改变最轻，易于矫正；生后第一年骨盆发育最快，尤其在新生儿期更快。临床症状有以下几种：一是外观。大腿、小腿与对侧不对称，可表现为增粗变短或变细、外旋（单侧）；臀部增宽（双侧）。二是皮纹。臀部、腹股沟与大腿皮纹增多、增深和上移不对称。三是肢体活动。患肢活动少，在换尿布时最易发现。

4. 治疗

（1）取穴。脾俞、肾俞、长强、环跳、足三里、阳陵泉、三阴交、中脘、关元。

（2）手法。揉、按、点法。

（3）方法。

①俯卧位，脾俞、肾俞、长强、各2分钟，揉2分钟。

②点环跳5分钟，揉5分钟。

③仰卧位，按中脘、关元、足三里、阳陵泉、三阴交各2分钟，揉2分钟。

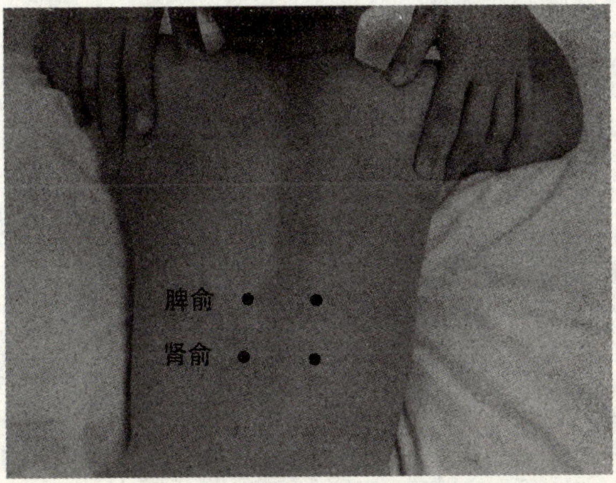

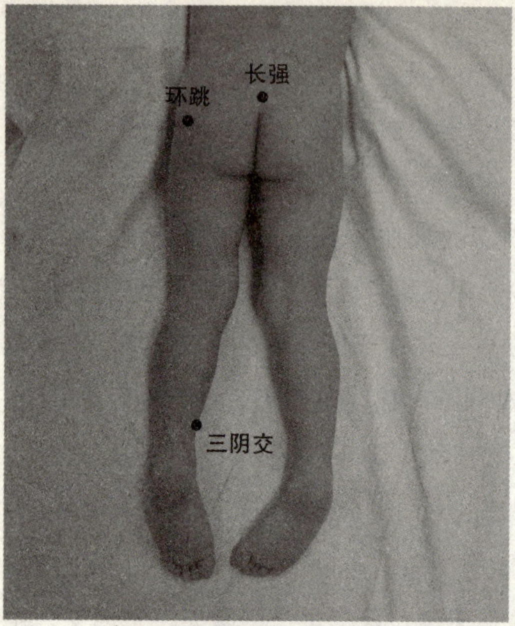
长强
环跳
三阴交

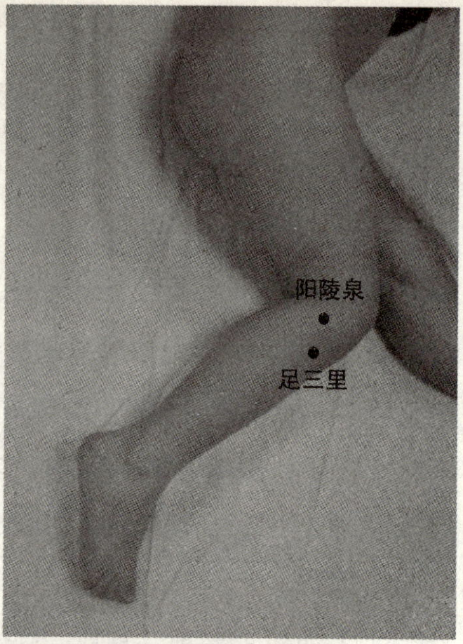
阳陵泉
足三里

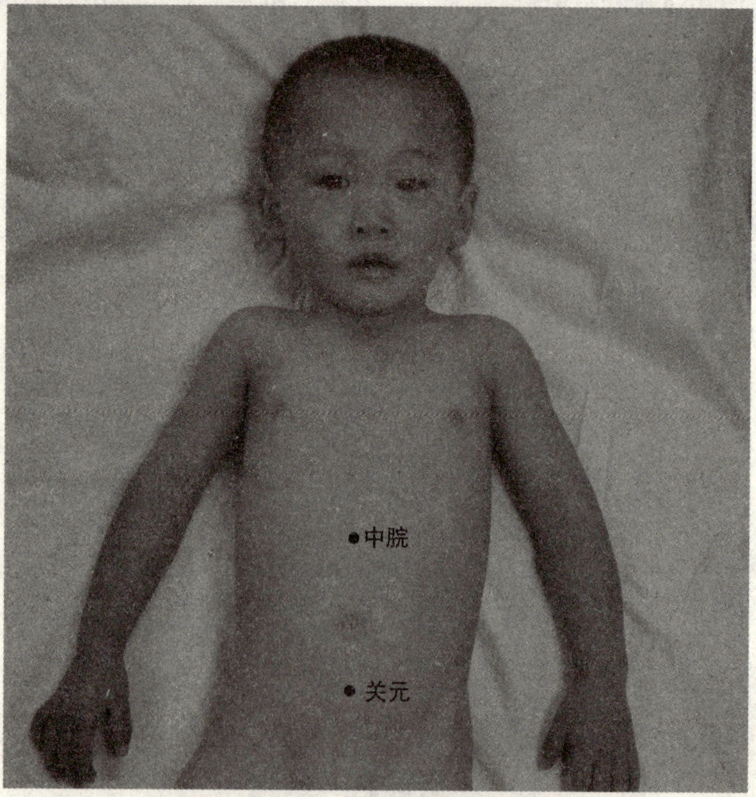
中脘
关元

二十三、儿童抑郁症

儿童抑郁症是起病于儿童或青少年期的以情绪低落为主要表现的一类精神障碍。美国研究者的调查表明抑郁在儿童中的发生率为0.4%～2.5%，在青少年中这一比率可能上升至5%～10%，这与澳大利亚及意大利的研究结果一致。在10岁以前男女患病比例相似，以后随年龄的增加女性患病率逐渐增加，接近男女比1∶2。儿童发病愈后与成人接近，一般愈后尚好，但不及时治疗，疾病可逐渐发展。可出现适应不良、学习困难，甚至药物滥用和自杀。

1. 临床表现

儿童、青少年抑郁症的识别率低，诊断难度大，临床表现有以下特点。

（1）情绪波动大，行为冲动。成年人抑郁症常见的表现如体重减轻、食欲下降、睡眠障碍、自卑和自责，这在儿童、青少年抑郁症却不常见，相反，激惹、发脾气、离家出走、学习成绩下降和拒绝上学却十分常见。

（2）部分儿童还不能准确表达内心的感受，如愤怒和沮丧等；有些则在表达认知症状时，如绝望和自卑还存在困难。

（3）不同的年龄段各有特点。研究发现3～5岁学龄前儿童主要表现特点为明显对游戏失去兴趣，在游戏中不断有自卑、自责、自残和自杀表现；6～8岁的儿童主要有躯体化症状如腹部疼痛、头痛、不舒服等，其他有痛哭流涕、大声喊叫、无法解释的激惹和冲动；9～12岁儿童更多出现空虚无聊、自信心低下、自责自罪、无助无望、离家出走、恐惧死亡；12～18岁青少年更多出现冲动、易激惹、行为改变、鲁莽不计后果、学习成绩下降、食欲改变和拒绝上学。

2. 鉴别诊断

一般家长很难发现孩子患抑郁症，儿童抑郁症的主要特征是情绪低落、思维迟缓、郁郁寡欢、闷闷不乐、无精打采，它往往可以出现许多伴随症状，通过以下症状初步判断。

（1）情绪症状。目光垂视、呆滞无神，表情冷漠，易激怒，敏感，哭闹，好发脾气，焦躁不安，厌倦，胆小，羞怯，孤独，注意力不集中，易受惊吓，常伴有自责自罪感，认为自己笨拙、愚蠢、丑陋、没有价值，灰心丧气，自暴自弃，唉声叹气，对周围的人和事不感兴趣、退缩、抑制、没有愉快感等。

（2）行为症状。多动，攻击别人，害怕去学校，不愿社交，故意回避熟人，不服从管教，冲动，逃学，表达能力差，成绩差，记忆力下降，离家出走，甚至有厌世和自残、自杀行为等。

（3）躯体症状。睡眠障碍，食欲低下，体重减轻，疲乏无力，胸闷心悸，头痛胃痛，恶心，呕吐，腹泻，遗尿遗屎等。这类情形常容易被误诊为躯体疾病，但是吃了药以后“病”也无好转迹象。

3. 治疗

（1）取穴。头维、印堂、太阳、百会、风池、风府、曲池、外关、合谷、膻中、巨阙、中脘、关元、心俞、肝俞、脾俞、肾俞。

（2）手法。揉、按、点、推、捏脊法。

（3）方法。

① 仰卧位，双手拇指从印堂沿眉框至太阳推 1 分钟，揉头维、印堂、太阳、百会各 2 分钟。

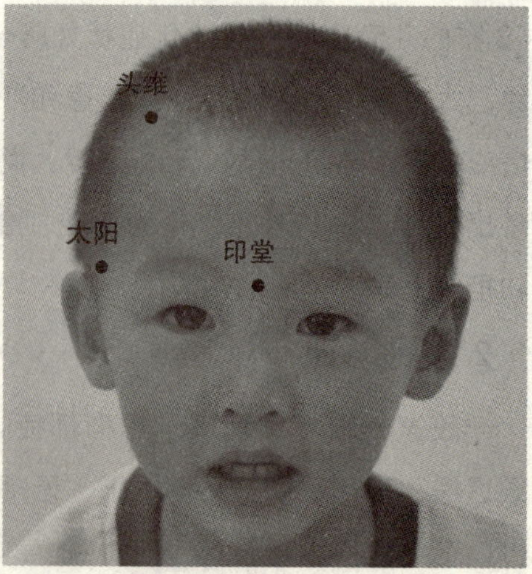

② 点曲池、外关各 1 分钟，揉 2 分钟；揉合谷 2 分钟。

③ 按膻中、巨阙、中脘、关元 2 分钟，揉 2 分钟。

④ 俯卧位，按风池、风府、心俞、肝俞、脾俞、肾俞各 2 分钟，揉 2 分钟。

⑤ 捏脊。

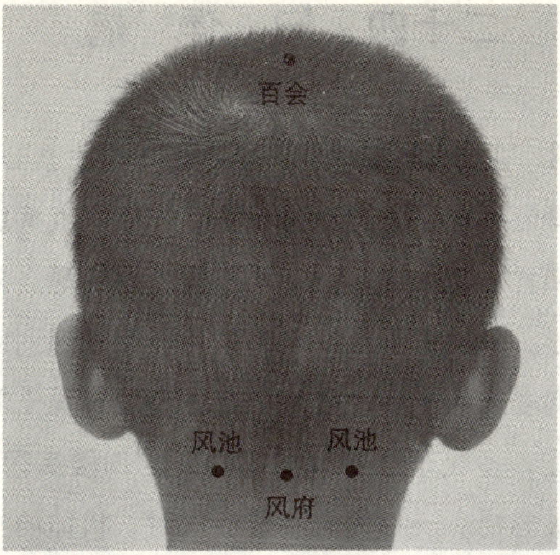
百会
风池
风池
风府

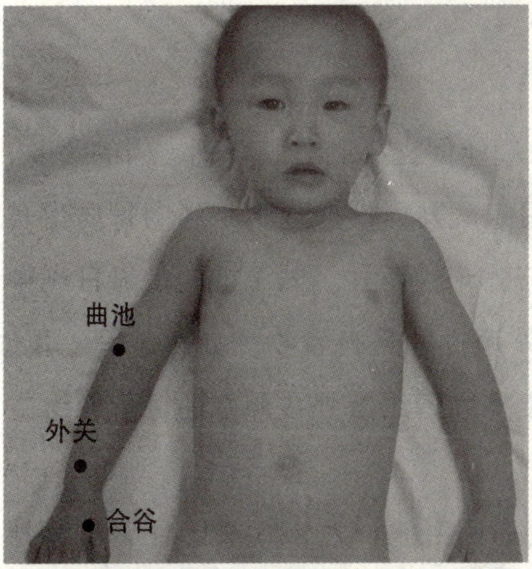
曲池
外关
合谷

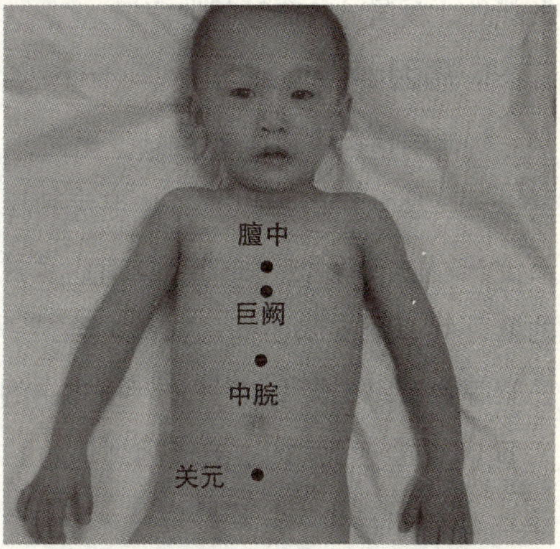
膻中
巨阙
中脘
关元

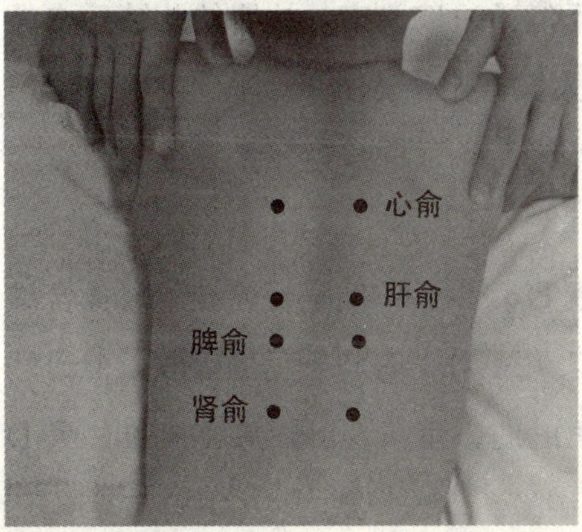
心俞
肝俞
脾俞
肾俞

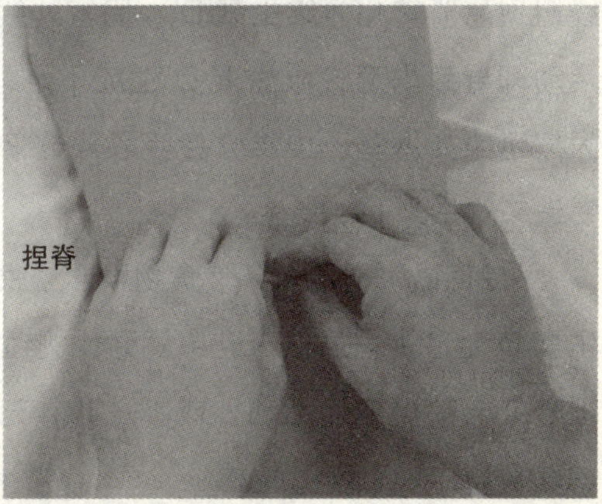
捏脊

二十四、佝　偻　病

佝偻病俗称缺钙，在婴儿期较为常见，是由于维生素 D 缺乏引起体内钙、磷代谢紊乱，而使骨骼钙化不良的一种疾病。佝偻病发病缓慢，不容易引起重视。初期表现以精神症状为主，如烦躁不安、易惊醒、多汗、枕秃等，严重者可引起骨骼畸形。多发生于 2 岁前的孩子，家长遇到应及早采取措施预防佝偻病的发生。佝偻病的主要特征为正在生长的长骨干骺端或骨组织矿化不全，或骨质软化症，多见于 2 岁以内婴幼儿。佝偻病很少直接危及生命，但因发病缓慢，易被忽视。一旦发生明显症状时，机体的抵抗力低下，易并发肺炎、腹泻、贫血等其他疾病。

1. 病因

佝偻病是由于维生素 D 缺乏引起，它们能促进小肠黏膜对钙、磷的吸收，减少钙、磷从尿中排出。并能促进骨样组织成熟，使血中钙、磷向骨质生长部位沉着形成新骨。维生素 D 有内源性与外源性两种。内源性的是靠日光中的紫外线照射皮肤，而后在体内合成；外源性的来自食物，如鱼、肝、蛋、乳类等含有维生素 D_3。另外，植物中的麦角固醇经紫外线照射后，形成维生素 D_2。引起佝偻病的主要原因列举如下。

（1）日照不足。皮肤内 7– 脱氢胆固醇需经波长为 296~310 纳米的紫外线照射始能转化为维生素 D_3，因紫外线不能通过玻璃窗，故婴幼儿缺乏户外活动即导致内源性维生素 D 生成不足；大城市中高大建筑可阻挡日光照射，大气污染如烟雾、尘埃亦会吸收部分紫外线；冬季日照短、紫外线较弱，容易造成维生素 D 缺乏。

（2）摄入不足。天然食物中含维生素 D 较少，不能满足需要；乳类含维生素 D 量甚少，虽然人乳中钙磷比例适宜（2 : 1），有利于钙的吸收，但母乳喂养儿若缺少户外活动，或不及时补充鱼肝油、蛋黄、肝泥等富含维生素 D 的辅食，亦易患佝偻病。

（3）生长过速。早产或双胎婴儿体内贮存的维生素 D 不足，且出生后生长速度快，需要维生素 D 多，易发生维生素 D 缺乏性佝偻病。生长迟缓的婴儿发生佝偻病者较少。

（4）疾病因素。多数胃肠道或肝胆疾病会影响维生素 D 的吸收，如婴儿肝炎综合征、先天性胆道狭窄或闭锁、脂肪泻、胰腺炎、慢性腹泻等；严重肝、肾损害亦可致维生素 D 羟化障碍、生成量不足而引起佝偻病。

（5）药物影响。长期服用抗惊厥药物可使体内维生素 D 不足，如苯妥英钠、苯巴比妥等可提高肝细胞微粒体氧化酶系统的活性，使维生素 D 和 25（OH）D 加速分解为无活性的代谢产物；糖皮质激素会对抗维生素 D 转运钙的作用。

2. 表现

（1）精神神经症状。多汗、夜惊、好哭等。多汗与气候无关，由于汗液刺激，患儿经常摩擦枕部，形成枕秃或环形脱发。

（2）骨骼表现。

① 头部。颅骨软化：为佝偻病的早期表现，多见于 3～6 月婴儿；头颅畸形：方颅、鞍状头或十字头；前囟大，闭合迟，可迟至 2～3 岁才闭合；出牙晚，可延至 1 岁出牙，或 3 岁才出齐。严重者牙齿排列不齐，釉质发育不良。

② 胸部。肋骨串珠；胸廓畸形：鸡胸，漏斗胸。

③ 四肢及脊柱。腕、踝部膨大，形成佝偻病“手镯”与”足镯”；下肢畸形，“O”形腿（膝内翻），或“X”形腿（膝外翻）；脊柱弯曲：可有脊柱侧弯或后凸畸形，严重者也可见骨盆畸形（髋外翻），女性严重患儿成年后可因骨盆畸形而致难产。

（3）其他表现。抬头、坐、站、行走都较晚，关节松弛而有过伸现象，大脑皮层功能异常，条件反射形成缓慢，语言发育落后，贫血。

3. 分期

佝偻病临床分为初期、激期、恢复期、后遗症期四期。

（1）初期。多自3个月左右开始发病。早期常有非特异的神经精神症状如夜惊、多汗、烦躁不安等。枕秃也较常见。同时可有轻度的骨骼改变体征。X线片可无异常或见临时钙化带模糊变薄、干骺端稍增宽。血生化改变轻微，血钙、血磷正常或稍低，碱性磷酸酶正常或稍高。

（2）激期。常见于3个月至2岁的幼儿。有明显的夜惊、多汗、烦躁不安等症状。同时可有中度的骨骺改变体征。X线片可见临时钙化带模糊消失，干骺端增宽，边缘不整，呈云絮状、毛刷状或杯口状，骨骺软骨加宽。血钙、血磷均降低，碱性磷酸酶增高。

（3）恢复期。活动期经晒太阳或维生素D治疗后，症状消失，体征逐渐减轻、恢复。X线片可见临时钙化带重现、增宽、密度加厚。血钙、血磷、碱性磷酸酶恢复正常。

（4）后遗症期。多见于3岁以后的小儿。经治疗或自然恢复，症状消失，骨骼改变不再进展。X线及血生化检查正常，仅留有不同程度的骨骼畸形。

4. 治疗

（1）取穴。百会、头维、印堂、太阳、风池、风府、肺俞、心俞、肝俞、脾俞、肾俞、膀胱俞、环跳、足三里、阳陵泉、三阴交、膻中、巨阙、中脘、关元。

（2）手法。揉、按、点、推、捏脊法。

（3）方法。

①仰卧位，双手拇指从印堂沿眉框至太阳推1分钟，揉头维、印堂、太阳、百会各2分钟。

②按膻中、巨阙、中脘、关元各2分钟，揉1分钟

③按足三里、阳陵泉、三阴交各2分钟，揉2分钟。

④俯卧位，按风池、风府、各2分钟，揉2分钟。

⑤按肺俞、心俞、肝俞、脾俞、肾俞、膀胱俞、环跳各2分钟，揉2分钟。

⑥捏脊。

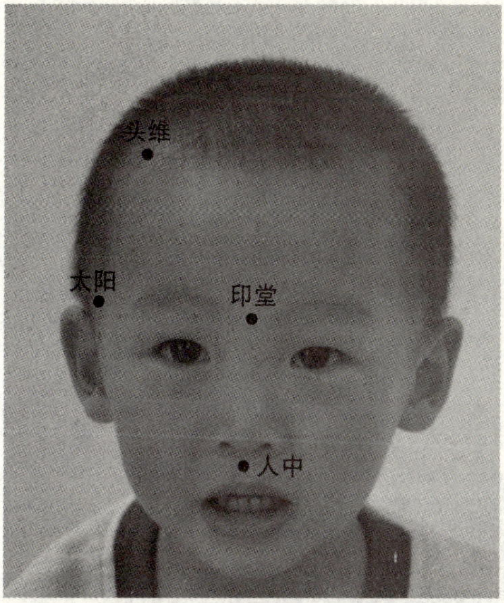
头维
太阳
印堂
人中

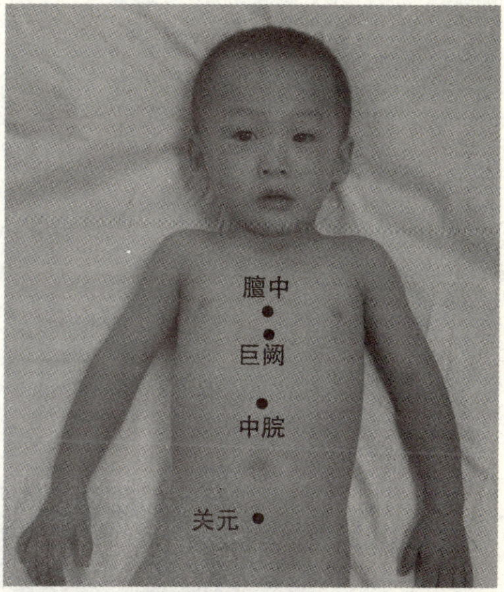
膻中
巨阙
中脘
关元

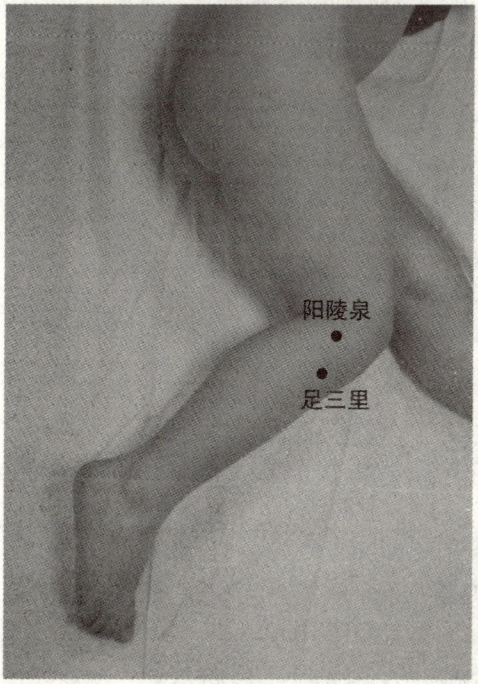
阳陵泉
足三里

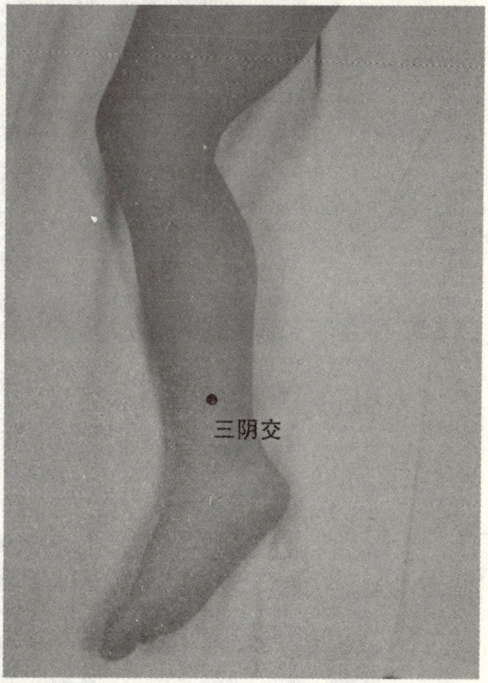
三阴交

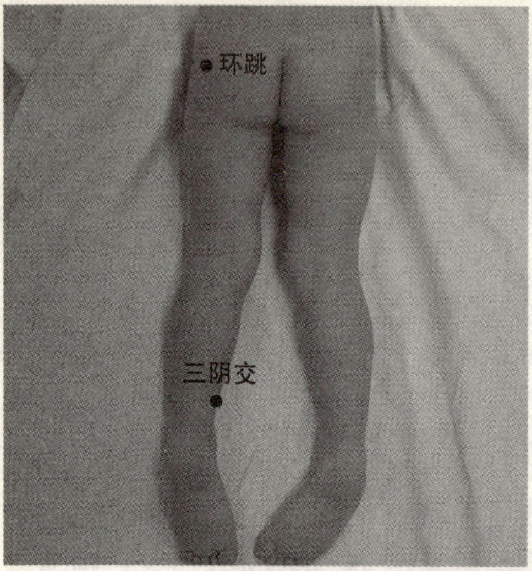
环跳
三阴交

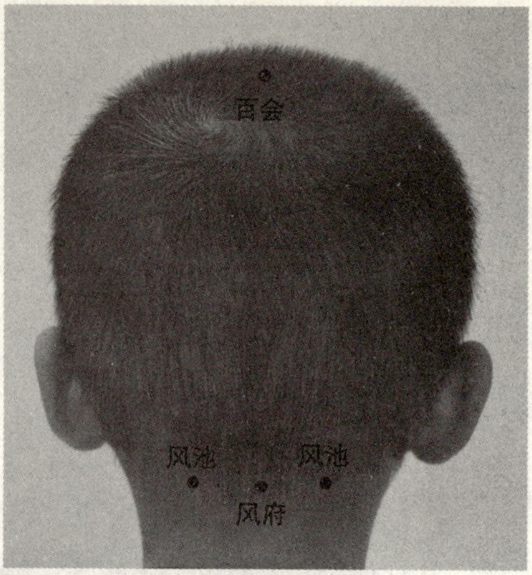
百会
风池
风池
风府

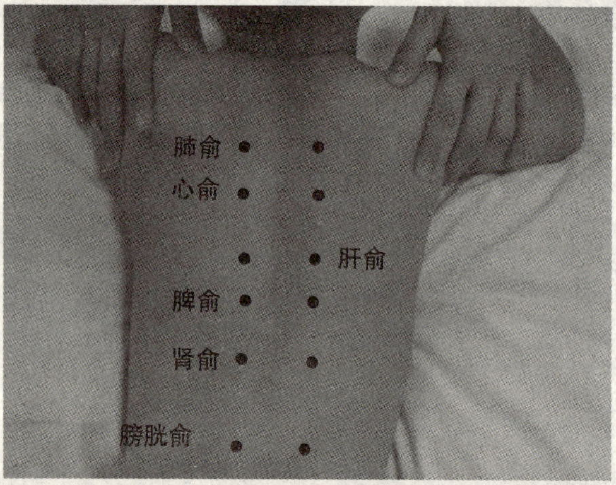
肺俞
心俞
肝俞
脾俞
肾俞
膀胱俞

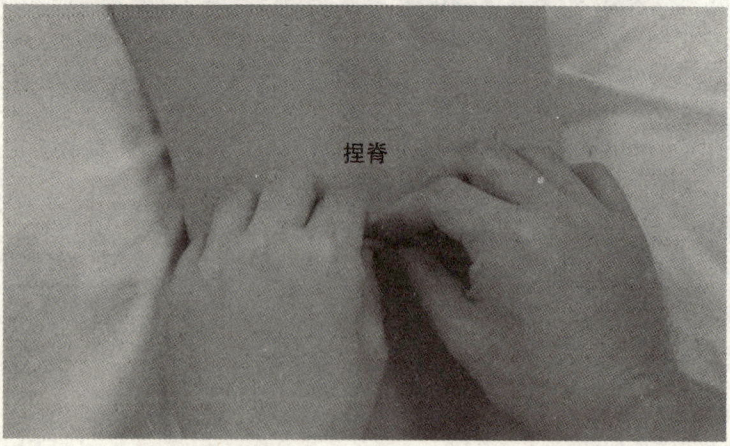
捏脊

二十五、多种抽动综合征

多种抽动综合征也称抽动－秽语综合征，是一种起病于儿童，临床上以头、面部、肢体或躯干部的肌肉抽动，伴有语言障碍等症状为主的综合征。

1. 诊断

（1）起病于儿童，多在 5～15 岁之间。

（2）常见为头部、躯干、上下肢的抽动。头部抽动表现为点头或摇头、伸颈、歪颈、眨眼、耸鼻、噘嘴等；躯干扭曲、腹壁不自主抽动；四肢抽动则见摆臂、扬手、握拳捶胸、下肢外展、蹬足等；言语抽动时可表现为喉部发出奇特的叫声，个别音节、字或句子不清楚，或说出骂人的话。发作时间一日少者十多次甚至达数百次。症状多在睡眠时消失，智力发育正常。神经系统检查无异常。

（3）头颅 CT 提示：小脑发育不良；经颅多普勒（TCD）提示：脑血管痉挛和供血不足。

2. 鉴别诊断

（1）癫痫局限发作。又叫单纯性发作，表现为身体某一部分节律性抽动，持续数秒，意识清楚，若有癫痫放电扩展，可延致半身或全身。

（2）舞蹈症。根据本病的特点，包括年龄、病程、舞蹈样不自主动作、肌张力和肌力的改变，以及可能存在的风湿热病史和现象，诊断比较容易。

3. 治疗

（1）取穴。百会、头维、印堂、太阳、风池、风府、心俞、肝俞、脾俞、肾俞、足三里、阳陵泉、三阴交、膻中、巨阙、中脘、关元。

（2）手法。揉、按、点、推、捏脊法。

（3）方法。

① 仰卧位，双手拇指从印堂沿眉框至太阳推 1 分钟，揉头维、印堂、太阳、百会各 2 分钟。

②按膻中、巨阙、中脘、关元各2分钟，揉1分钟。

③按足三里、阳陵泉、三阴交各2分钟，揉2分钟。

④俯卧位，按风池、风府、各2分钟，揉2分钟。

⑤按心俞、肝俞、脾俞、肾俞各2分钟，揉2分钟。

⑥捏脊。

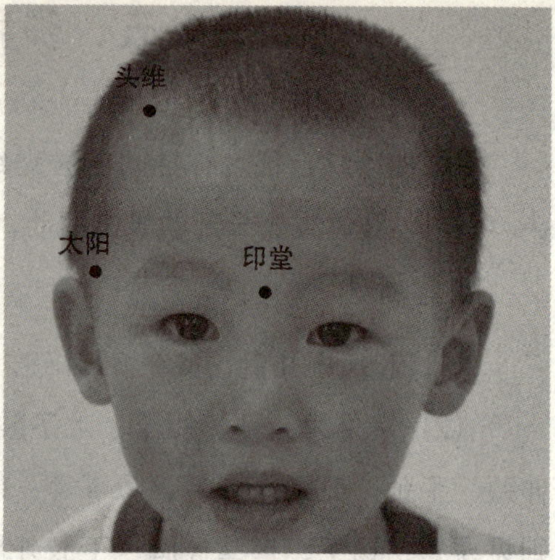

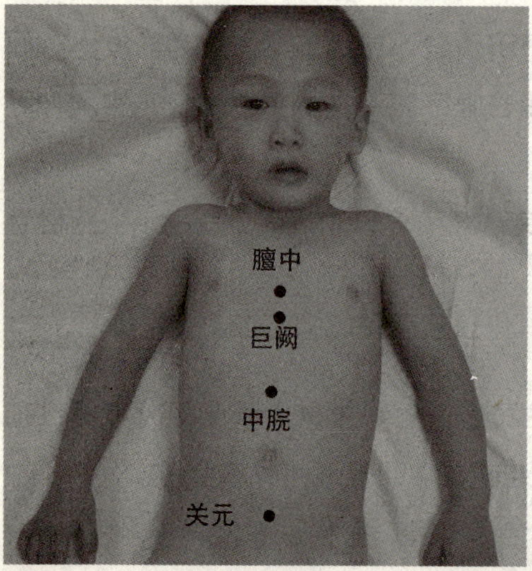

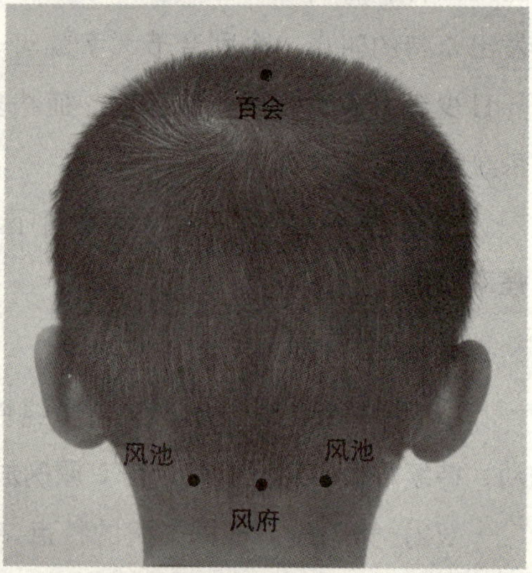

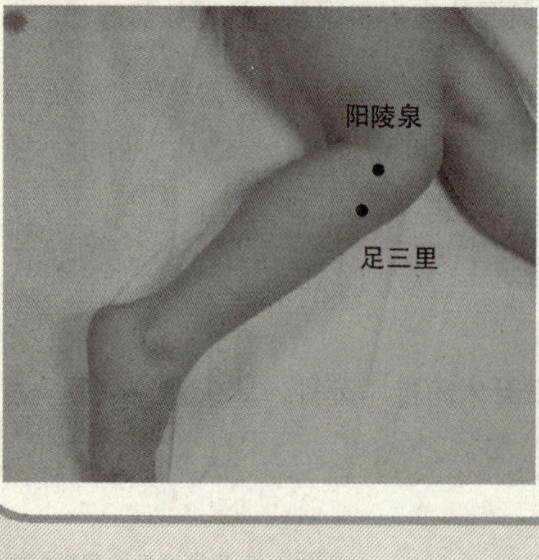

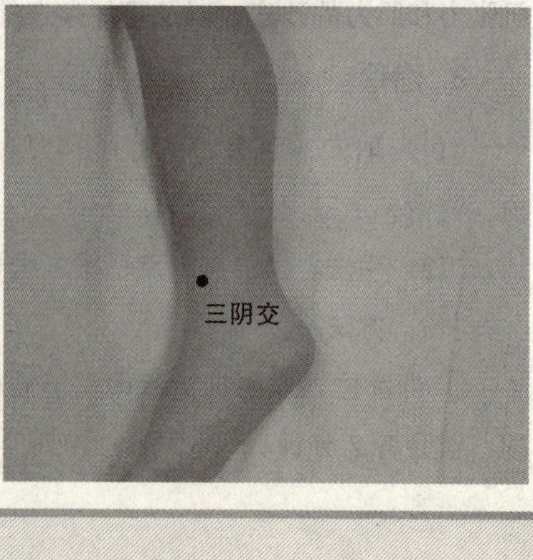

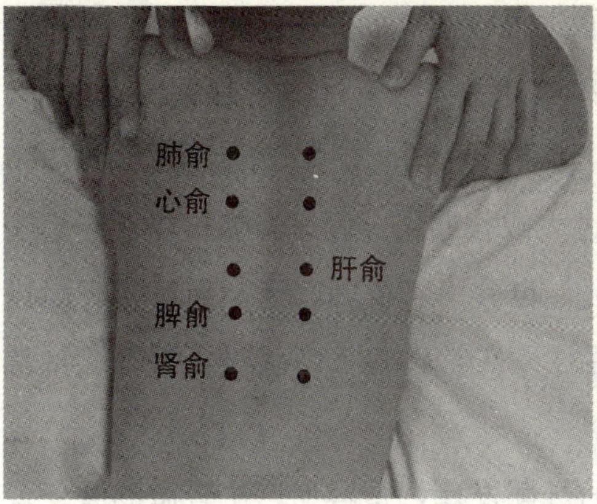

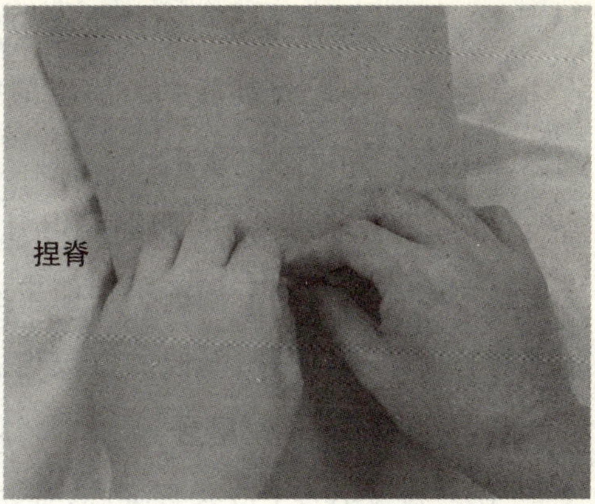

二十六、磨 牙 症

磨牙症是指睡眠时有习惯性磨牙或白昼也有无意识磨牙习惯，随时间一点一点加重，是一种长期的恶性循环疾病。是大脑和肠胃、唾液腺及咀嚼肌等消化系统相关器官有紧密的联系，相互影响。磨牙的直接原因是自主神经功能紊乱，支配咀嚼肌的三叉神经运动支异常兴奋，或消化系统异常给大脑发出了错误信号使大脑误以为需要进食而启动了咀嚼肌运动，同时睡眠中嘴又是闭上的，就产生了磨牙现象，病理基础是大脑皮层异常兴奋，肠脑互动关系紊乱，肠胃功能失调而引起磨牙。

1. 病因

（1）肠内寄生虫病，尤其是肠蛔虫病，在儿童中相当多见。

（2）胃肠道的疾病、口腔疾病。

（3）临睡前给小儿吃不易消化的食物，这样在宝宝睡觉后都可能刺激大脑的相应部位，通过神经引起咀嚼肌持续收缩。

（4）神经系统疾病，如精神运动性癫痫、癔症等。

（5）小儿白天情绪激动、过度疲劳或情绪紧张等精神因素。

(6) 缺乏维生素，患有维生素 D 缺乏性佝偻病的孩子，由于体内钙、磷代谢紊乱，会引起骨骼脱钙、肌肉酸痛和自主神经紊乱，常常会出现多汗、夜惊、烦躁不安和夜间磨牙。

(7) 牙齿排列不齐，咀嚼肌用力过大或长期用一侧牙咀嚼，以及牙齿咬合关系不好，发生颞下颌关节功能紊乱，也会引起夜间磨牙。而且，牙齿排列不整齐的孩子，其咀嚼肌的位置也往往不正常，晚上睡眠时，咀嚼肌常常会无意识地收缩，引起磨牙。

(8) 孩子 8~11 岁换牙期间，因为牙龈发痒，很容易产生轻微的磨牙现象，这期间轻度磨牙属正常现象，如果比较严重就需要治疗了，过了这个阶段，通常会自行消失。

(9) 孩子情绪和生活规律的影响，现在孩子通常学习比较紧张，压力大，同时还有不少孩子在晚间看惊险的打斗电视、入睡前玩耍过度，这些因素都会引起磨牙。另外，如果因某件事情长期受到父母的责骂，引起压抑、不安和焦虑，也会出现夜间磨牙的现象。

由此可见，磨牙基本上都是由某种疾病引起的，有些孩子因磨牙时间较长，虽经相应的治疗，但因大脑皮层已形成牢固的条件反射，因此夜间的磨牙动作不会立即消失，容易形成一种习惯性磨牙，特别是胃肠病虽有好转，但胃肠功能紊乱依然存在，所以磨牙动作不能在短时间内纠正过来，必须坚持较长时间的治疗才能好转。

2. 磨牙对儿童的危害

(1) 牙齿过早磨损。经常磨牙，会使宝宝的牙齿过早磨损，露出牙本质，引起牙本质过敏，遇到冷、热、酸、甜等刺激即发生强烈疼痛。

(2) 影响宝宝的面容。磨牙时，面部肌肉特别是咀嚼肌不停地收缩，时间一久，宝宝的咀嚼肌纤维就会增粗，脸型变方，影响宝宝的面容。

(3) 发生颞颌关节紊乱综合征。如果宝宝牙齿磨损严重，牙高度下降，面部肌肉过度疲劳，会发生颞颌关节紊乱综合征，在说话、唱歌或吃饭时，宝宝的下颌关节和局部肌肉发生酸痛，甚至有张口困难。

（4）在大脑皮层形成牢固的条件反射。有些宝宝因为磨牙时间较长，虽然经过治疗，引起磨牙的病因已经消除，但由于大脑皮层已形成了牢固的条件反射，因此夜间磨牙动作不会立即消失，磨牙的危害还会持续较长一段时间。

3. 治疗

（1）取穴。百会、头维、印堂、太阳、颊车、风池、风府、心俞、肝俞、脾俞、胃俞、肾俞、足三里、三阴交、巨阙、中脘、关元。

（2）手法。揉、按、点、推、捏脊法。

（3）方法。

① 仰卧位，双手拇指从印堂沿眉框至太阳推 1 分钟，揉头维、印堂、太阳、百会各 2 分钟。

② 按颊车 1 分钟，揉 2 分钟。

③ 按膻中、巨阙、中脘、关元各 2 分钟，揉 1 分钟

④ 按足三里、阳陵泉、三阴交各 2 分钟，揉 2 分钟。

⑤ 俯卧位，按风池、风府各 2 分钟，揉 2 分钟。

⑥ 按心俞、肝俞、脾俞、胃俞、肾俞各 2 分钟，揉 2 分钟。

⑦ 捏脊。

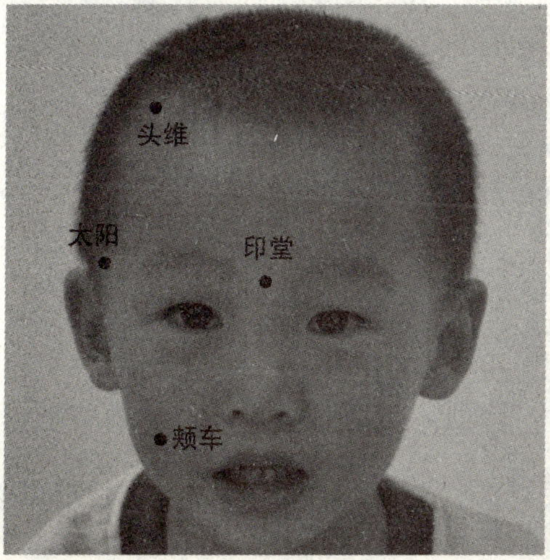

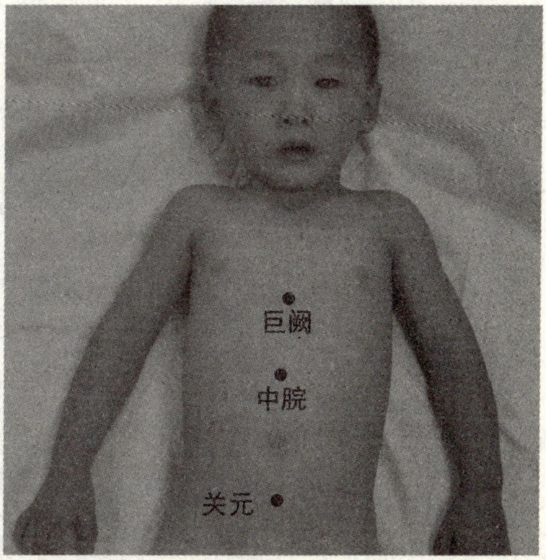

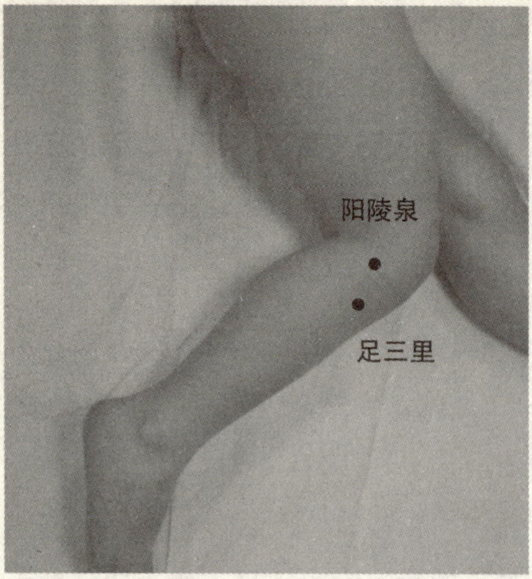
阳陵泉
足三里

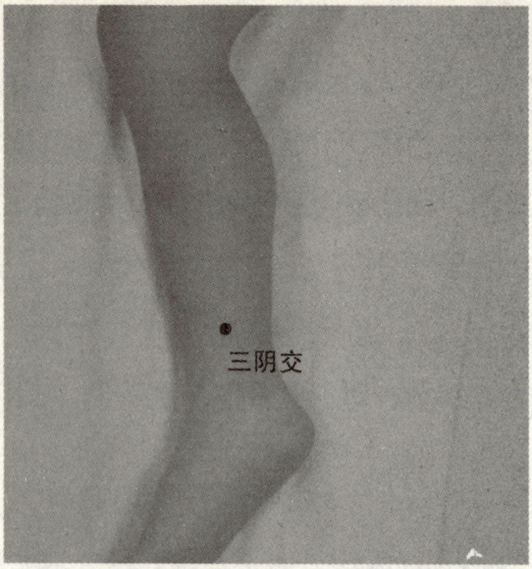
三阴交

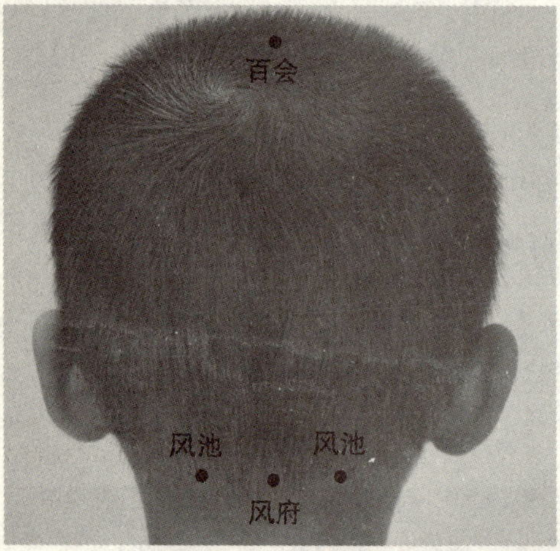
百会
风池
风池
风府

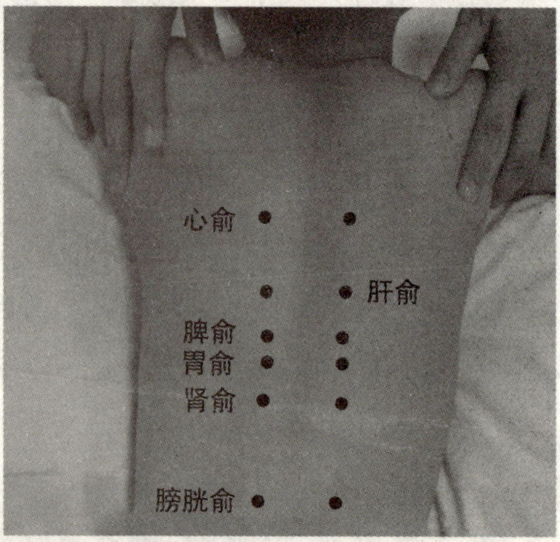
心俞
肝俞
脾俞
胃俞
肾俞
膀胱俞

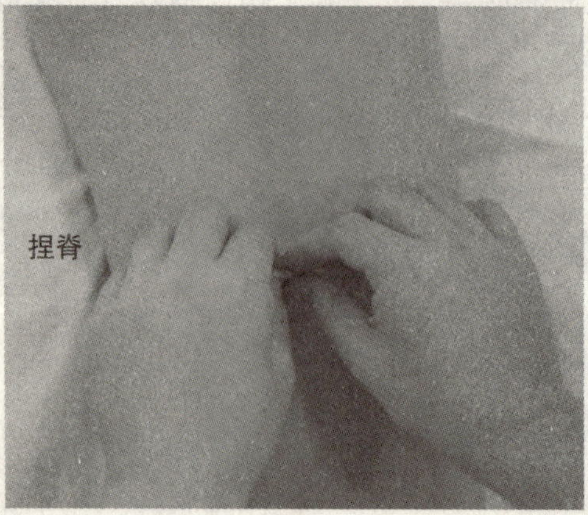
捏脊

二十七、儿童睡眠障碍

儿童睡眠障碍是以有效睡眠时间短、睡眠质量降低为主。足够的睡眠和良好的睡眠习惯对儿童身心健康有重要影响。生理需要睡眠时间与年龄因素密切相关，但睡眠时间长短和深浅，可有个体差异。婴儿及儿童可有多种形式的睡眠障碍，如入睡困难、睡眠不安、梦魇、夜惊、梦行症等。

1. 病因

儿童睡眠不足大多是由于相关症状如躯体疾病、饥饿、口渴或过饱、养育方式不当、睡眠习惯不良、精神因素和环境因素等的存在和影响而使得夜间睡眠多次中断，儿童被迫多次醒来而缩短了睡眠总时间，少数儿童是因入睡困难或环境因素干扰而无法保证足够睡眠时间。另外，经常俯卧位姿势睡觉和枕头过高也是儿童睡眠障碍的引发因素。

2. 症状

（1）睡眠不安和入睡困难。多见于婴幼儿，睡眠时经常翻动、肢体跳动、反复摇头、无故哭闹、磨牙、讲梦话等。有的不愿上床睡，要抱着走动，或是迟迟不能入睡、浅睡或早醒。

（2）夜惊。常见于 2～5 岁儿童，一般在入睡后半小时左右发作，表现为突然惊叫、哭闹、惊恐表情、手足乱动、呼吸急促、心跳增快、出汗、瞳孔散大。发作时脑电图出现觉醒的 α 节律。每次夜惊发作可持续 1～10 分钟，发作后再入睡，醒后完全遗忘。一般随着年龄增长，夜惊可自行消失。

（3）梦行症。较为常见，往往伴有夜间遗尿。部分患儿有家族遗传史。主要表现为反复出现在入睡后 1/2～2 小时熟睡中突然坐起或下床活动，意识蒙眬不清、东抚西摸、徘徊走路或做些游戏的动作，此时不易唤醒，大约数分钟或半小时后又可安静入睡，事后完全遗忘。

3. 治疗

（1）取穴。百会、头维、印堂、太阳、人中、风池、风府、心俞、肝俞、脾俞、胃俞、肾俞、足三里、三阴交、巨阙、膻中、中脘、关元。

(2) 手法。揉、按、点、推、捏脊法。

(3) 方法。

① 仰卧位，双手拇指从印堂沿眉框至太阳推 1 分钟，揉头维、印堂、太阳、百会各 2 分钟。

② 按人中 1 分钟，揉 2 分钟。

③ 按巨阙、膻中、中脘、关元各 2 分钟，揉 1 分钟。

④ 按足三里、三阴交各 2 分钟，揉 2 分钟。

⑤ 俯卧位，按风池、风府各 2 分钟，揉 2 分钟。

⑥ 按心俞、肝俞、脾俞、胃俞、肾俞各 2 分钟，揉 2 分钟。

⑦ 捏脊。

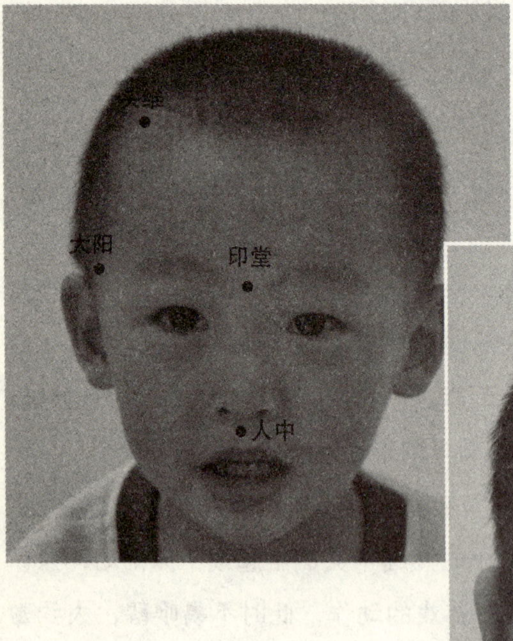

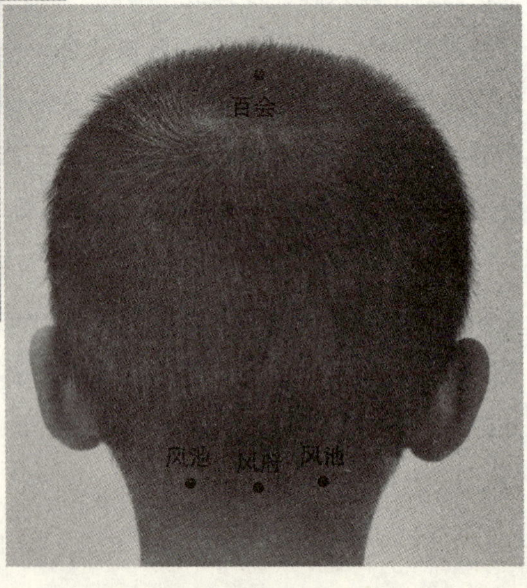

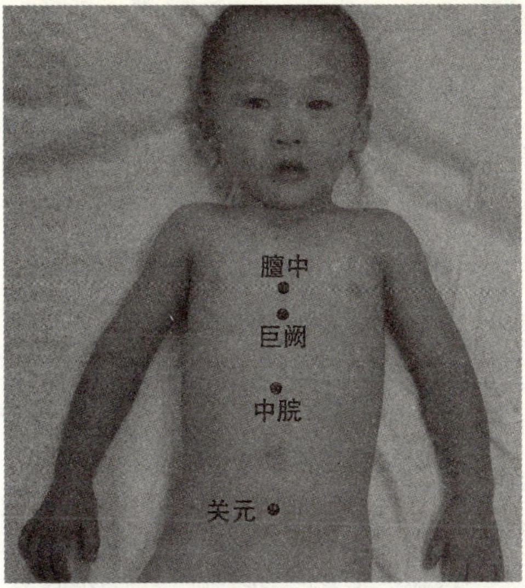
膻中
巨阙
中脘
关元

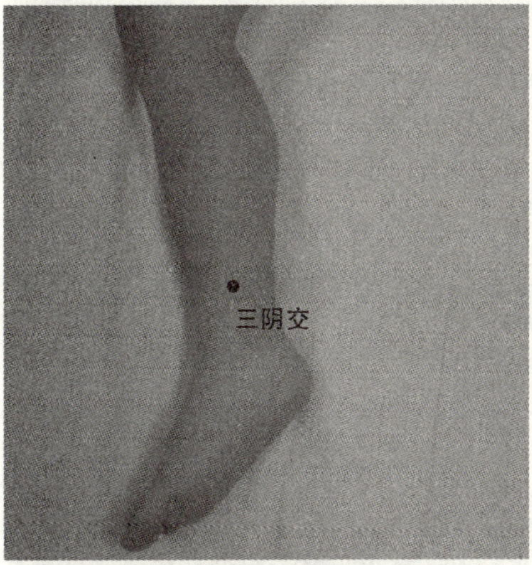
三阴交

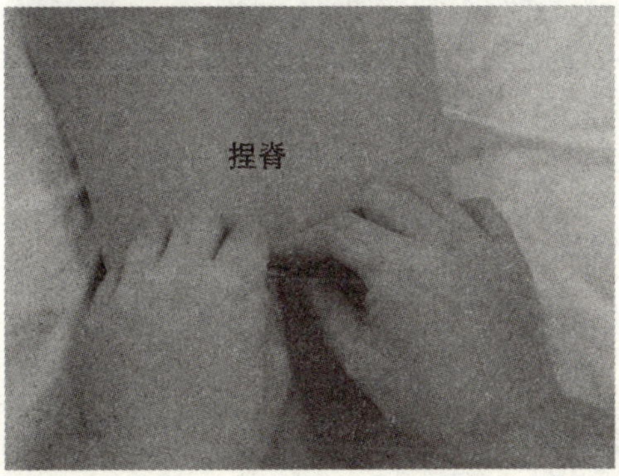
捏脊

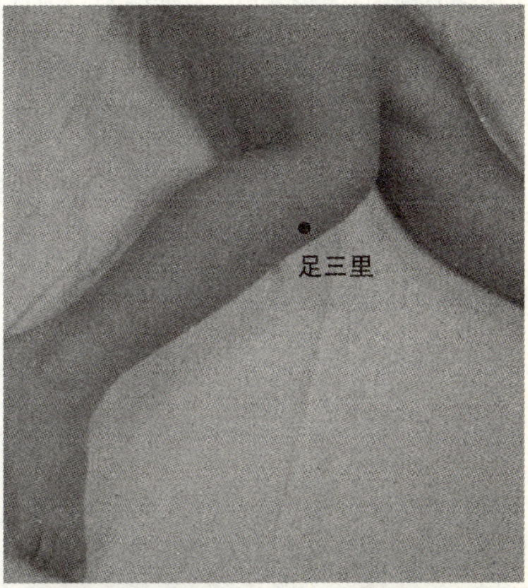
足三里

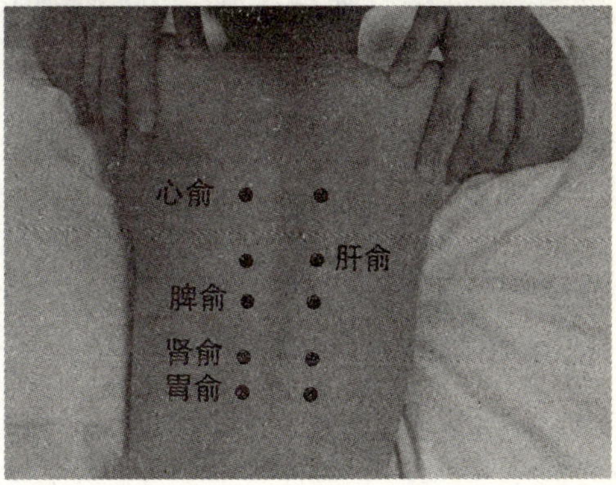
心俞
肝俞
脾俞
肾俞
胃俞

二十八、婴儿吞气症

婴儿吞气症是指吃奶时突然中断吮乳，表现烦躁不安，两手握拳，啼哭不停，面红耳赤或面色苍白。是由于婴儿在吮奶时吸入了大量的空气，吞下的空气聚集在胃下部，奶液则留在胃上部，空气不能及时逸出，而进入小肠和大肠，使肠壁肌肉产生阵发性痉挛，引起腹部不适或剧烈腹痛。

1. 病因

（1）母亲的奶头括约肌过度紧张、出奶太慢，或者奶头太短甚至内陷，小儿吃奶时不易吃到奶，于是用力吮吸，在此过程中就吞入了大量的空气。

（2）有些家长喂奶姿势不当，奶瓶斜着，奶嘴没有充满乳汁，小儿在吸奶过程中，同时也吸入了大量的空气。

2. 预防

如果是乳头问题，针对不同情况加以处理：奶头内陷或过短，平时经常自己轻轻向外提拉；奶头括约肌过分紧张，可以在喂奶前进行按摩，揉中脘、关元各 1 分钟然后再喂哺。喂奶时，母亲最好取立位或坐位，每次喂奶不要超过 20 分钟。喂毕，将小儿竖直抱起，让其上身伏在母亲肩上，再轻轻拍其背部，以使孩子胃内的空气迅速排出。然后把孩子放在床上，右侧卧位，让奶汁从胃内缓缓进入小肠。这样，婴儿吞气症就不会再发生了。

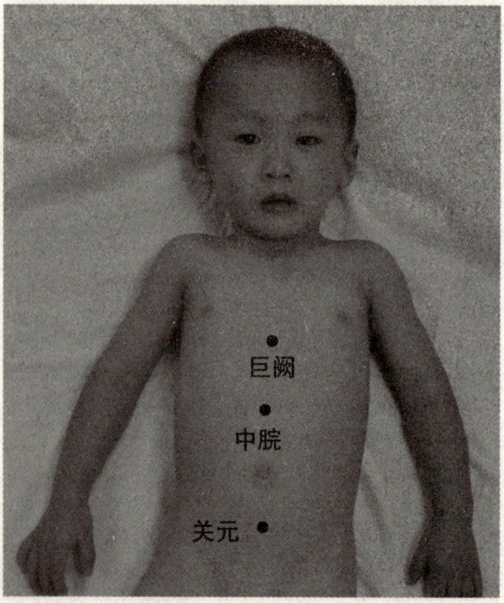

3. 治疗

（1）取穴。巨阙、中脘、关元。

（2）手法。揉、按法。

（3）方法。仰卧位，按巨阙、中脘、关元各 1 分钟，揉 2 分钟。

二十九、神经性厌食

神经性厌食亦称神经性食欲缺乏、厌食症，以长期原因不明的厌食，显著的体重减轻为其特征。发病年龄在 10 岁以上，女性青少年多见，若不及时治疗，可导致严重的营养不良与极度衰竭，影响青少年的身心健康与发育。本病是原因还未完全查明的精神障碍，特征是为保持体型瘦削而长期过分节食或拒食，以致造成体重锐减、营养缺乏、代谢和内分泌功能紊乱，严重时可危及生命。女性患病率远高于男性。

1. 病因

（1）社会心理因素。13 岁以后，是性的生理及性的心理发展最快的阶段。对于性心理发育尚不成熟的女孩，对自身的第二性征发育和日益丰腴的体形缺乏足够的心理准备，容易产生恐惧不安、羞怯感，有强烈的愿望要使自己的体形保持或恢复到发育前的“苗条”。

（2）社会文化因素。社会的压力可严重地影响个人的观念及行为。现代社会中以身材苗条作为有能力、高雅、有吸引力的标志，使体重偏低受到人们的青睐。

（3）社会学因素。在多数对神经性厌食症的患病率调查中发现，本病患者多来自于社会地位偏高或经济较富裕的家庭；城市人群的患病率高于农村人群；在城市中，私立学校的女生患病率高于普通学校。

（4）个体的易感素质。常有争强好胜、做事尽善尽美、喜欢追求表扬、自我中心、神经质；而另一方面又常表现出不成熟、不稳定、多疑敏感，对家庭过分依赖，内向，害羞等。

2. 临床表现

明显的厌食是本病的首见症状，每日进食量较发病前减少 2/3 以上，患者消瘦，体重下降超过原体重的 20%，除厌食外并可见恶心、呕吐及顽固性便秘。由于长期的进食过少，患者可出现营养不良及低代谢症状，如身凉、畏冷、心动徐缓、低血压、皮肤粗糙等。已有月经的女孩，可出现继发性闭经。多数病例尚能支持一般室内活动、能上学念书等，但容易疲乏无力，少数病例精神抑郁，反应淡漠，虽然已极度消瘦，但仍不思饮食，讳疾忌医。

3. 诊断

（1）年龄 10 岁以上。

（2）多因精神刺激或学习、工作压力过大而发病。

（3）体重减轻 20% 以上或同年龄身高标准体重减轻 15% 以上。

（4）伴有严重病及精神疾病而引起的厌食、消瘦。

（5）排除器质性疾病及精神疾病而引起的厌食。

（6）少数患者以身材保持苗条为美，唯恐长胖而有意识地控制饮食，而宁愿挨饿者。

4. 治疗

对于厌食症的治疗，本着药物、心理、按摩治疗相结合的理念，按摩时手法宜轻，时间稍长，并配合语言诱导。

（1）取穴。膻中、巨阙、中脘、关元、心俞、胃俞、脾俞、肾俞、足三里、三阴交。

（2）手法。揉、按、捏脊法。

（3）方法。

① 仰卧位，按膻中、巨阙、中脘、关元各 2 分钟，揉 3 分钟。

② 按足三里、三阴交各 2 分钟，揉 3 分钟。

③ 按心俞、胃俞、脾俞、肾俞各 2 分钟，揉 2 分钟。

④ 捏脊。

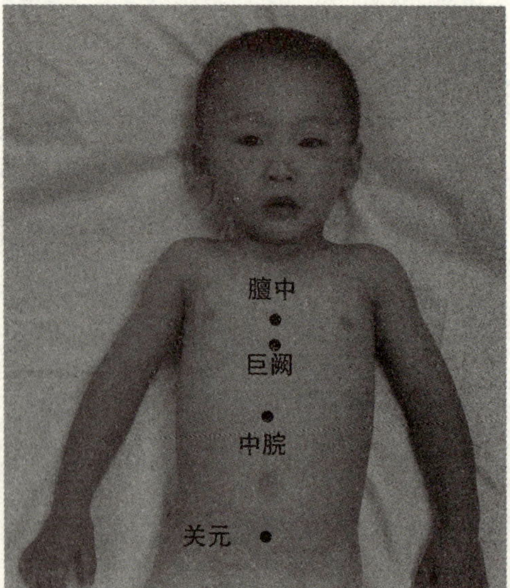

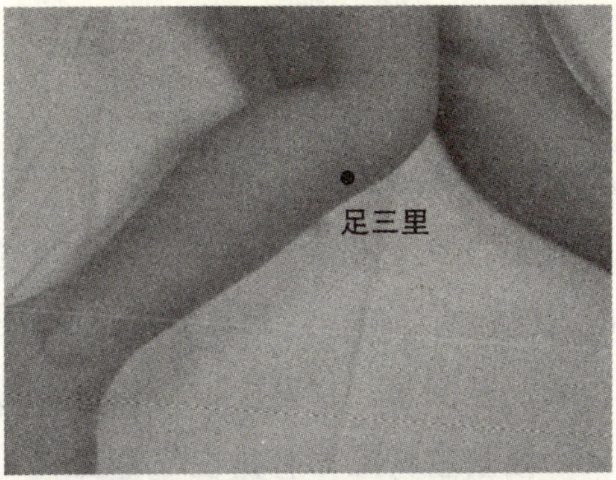
足三里

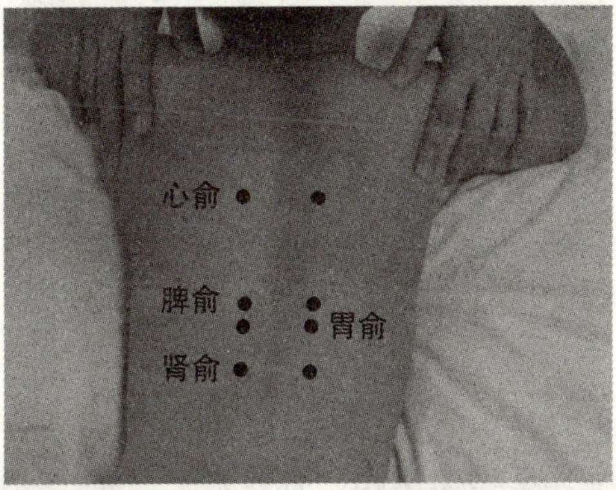
心俞
脾俞
胃俞
肾俞

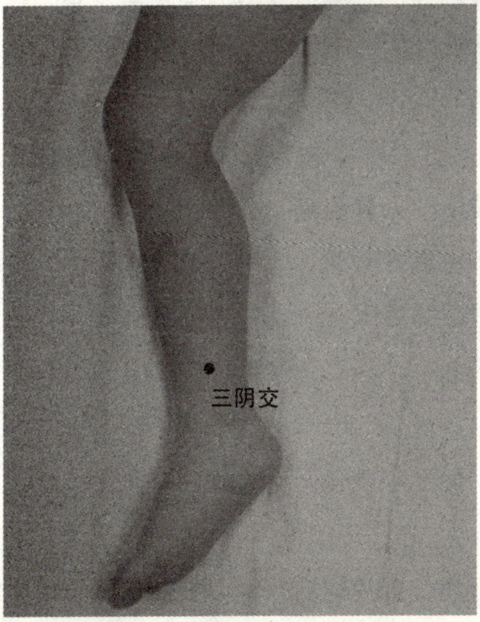
三阴交

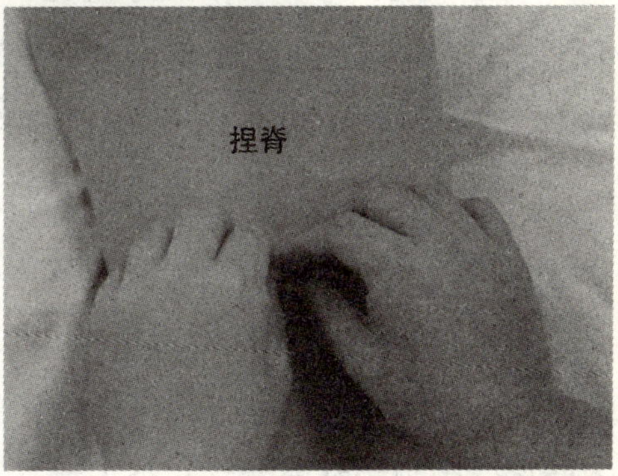
捏脊

三十、儿童学习障碍症

学习障碍是指从发育的早期阶段起，儿童获得学习技能的正常方式受损。这种损害不是单纯缺乏学习机会的结果，不是智力发展迟缓的结果，也不是后天的脑外伤或疾病的结果。这种障碍来源于认识处理过程的异常，由一组障碍所构成，表现在阅读、拼写、计算和运动功能方面有特殊和明显的损害。长期以来，我国教育工作者是在“差生”、“双差生”、“后进生”、“学业不良”等名义下进行学习障碍的相关研究，很少探讨学习障碍的界定。20 世纪 80 年代以来，出现了“学习困难”、“学习无能”、“学习障碍”等词语，以“学习困难”的出现频率为最高，这几个概念一直在混淆使用。

1. 表现

(1) 学业不良。

(2) 注意力不集中，做事磨蹭，有头无尾，缺乏时间观念和任务感。慵懒、拖沓，学习迁移能力差，易形成习惯性惰性及自慰心理。社会适应技能缺陷，凡事都要依赖别人。缺乏良好的学习习惯与学习方法。

(3) 缺乏学习兴趣，缺乏好奇心，对人对事缺乏兴趣；或学习兴趣肤浅、范围狭窄、兴趣不能稳定持久，易于“见异思迁”，带有情绪性影响。

(4) 缺乏学习动机，或学习动机多停留在短暂、浮浅的消极水平上，具有游移摇摆的特点，缺乏强大而稳固的动机支持。一般其动机水平低，目标不明确，学习的社会意义和个人意义不统一。动机只表现在口头上，很少落实在行动上。

(5) 学习态度不良，目的不明确，呈现一种漫无目的的学习倾向。缺乏学习热情和自觉性。自制性和坚持性差。

(6) 活动过度、问题行为、违纪行为、自我控制力差，不易与同学建立良好人际关系。寻求反面心理补偿，出现逆反心理及情绪对抗。

（7）自我评价差，容易挫折，忧郁、焦虑、窒息感、压抑感，易自卑及封闭。

2. 分类

（1）阅读困难。阅读是一个需要多种认知过程（如知觉、记忆理解、概括、比较、推理等）参与的学习活动，只要儿童在这些认知能力的任意一种上存在问题，都会影响阅读能力。因而阅读困难在学习困难儿童中普遍存在。

① 阅读习惯方面。阅读时动作紧张，皱眉、咬唇、侧头阅读或头部抽搐；迷失位置，找不到是从哪里开始阅读的；阅读时和所读书本距离过近；以哭泣或其他问题行为来拒绝阅读。更有甚者，可表现为捶头、抓狂等过激行为。

② 朗读方面。常常省略句子中的某一个字或某几个字；任意在句中加字、插字；任意将句中的字以其他字替换；将词组的前后字任意颠倒；阅读不流畅，在不适当的地方停顿；声音尖锐，喘气声很大等等。

③ 回忆方面。首先回忆基本事实困难，无法回答文章中有关时间、地点等基本事实的问题；而且序列回忆困难，无法按故事情节的先后顺序来复述故事；同时还有主题回忆困难，无法说出所阅读内容的主题。

④ 理解技能方面。逐字理解有困难，无法正确说出阅读内容中的有些细节和一些特定信息；理解性理解技能不足，不能从阅读材料中得出结论，无法比较观点之间的差异、无法把新的观点与学习过的观点综合起来；评论性理解技能不足，无法将阅读材料与自己的生活结合起来、无法分析作者的意向和信念、无法将阅读材料互相比较。

⑤ 阅读策略的运用方面。难以划出重点、无法认识阅读材料的性质、无法划分段落等。

（2）书写困难。许多学习困难儿童在精细动作能力上发展不足，造成了不同的书写困难。书写困难也叫书写缺陷或视觉－动作整合困难。学习困难儿童典型的书写困难一般有如下表现。

① 握笔方法不正确。手指过于接近笔尖，或过于远离笔尖；只用食指来

运笔；纸的位置不正确，常移动或放得太斜。

② 书写姿势不正确。身体与桌面的距离不当，太远或太近；手臂与身体的距离不当，太贴近身体或太远离身体。

③ 力量控制不当。用在铅笔上的力量过重，会折断笔尖或戳破纸；肌肉过于紧张，手指僵硬，运转不灵活，长期会造成指头酸痛；力量不够，握不住笔或笔道太浅。

④ 字不均匀。对单个字的结果缺乏理解，该大的不大，该小的不小，如“吃”的左右两部分写得一样大，变成“口乞”；字与字大小不一，粗细不一。

⑤ 字间距不当。每个字的组成部分之间距离太远，如“明”的左边部分与右边部分距离太远，变成了“日月”；字与字之间距离太大或太小。

⑥ 笔顺不正确。不遵循笔画顺序规则，如“国”字，先封口，再写里面的“玉”字；把一笔分成两笔，或把几笔连成一笔。

⑦ 字迹潦草。字没有结构，东倒西歪，不成比例；没有笔画，横不像横，竖不像竖，信手乱涂，有时连自己都认不出写的是什么。

⑧ 字混写。特别是在写拼音字母或数字时，分不清 6 与 9、5 与 2、b 与 d、p 与 q 等。

（3）数学困难。数学学习也是一个需要多种认知过程参与的活动，特别需要具有良好的推理、分类、组合、抽象、概括等能力。另外，在解应用题和学习代数中语言能力有着十分重要的作用。儿童在学习数学前应该已具备了一些准备技能，如按大小、形状、颜色、材料来比较、分类、配对、排列物体的能力，认识到总体是部分之和，认识 10 个阿拉伯数字并了解其涵义，把一种物体里的所有个体一一分配给不同的对象，能模仿和回忆物体的空间排列等。

如果儿童这些准备技能发展不足，那么学习数学时就会受到影响。因此，家长应特别注意儿童这方面技能的发展情况，若有不足就要及早进行补救，从而避免对孩子正式的数学学习产生消极影响。

3. 诊断标准

（1）智力标准。标准化智力测验成绩智商下限为 70～75。若智商低于 70 者，不属于学习困难。

（2）学业不良标准。采用绝对学业不良与相对学业不良相结合的方法确定学习困难儿童，学科统测是根据大纲命题的绝对评价，而以低于平均分 25 个百分等级为划分学习困难儿童的标准是相对评价。

（3）学习过程异常。学习过程是学生知觉信息、加工信息、利用信息解决问题的认知过程，学习困难儿童在这一过程中往往会在某些方面表现出偏离常态的行为。

4. 治疗

如果被诊断出有读写困难、动作协调困难、注意力缺失过动症或有相关症状，很可能就是小脑发展迟缓。治疗方案是直接针对造成学习困难的问题根源——小脑发育迟缓，以运动刺激小脑的自动化机制，改善脑部管理阅读、书写、注意力、动作协调等特定区域的效率，而且一旦改善后，就不会退步，这种脑部生理特性改变的可能性，称为脑神经细胞的可塑性。

（1）取穴。百会、头维、印堂、太阳、人中、风池、风府、心俞、肝俞、脾俞、肾俞、足三里、三阴交、膻中、巨阙、中脘、关元。

（2）手法。揉、按、点、推、捏脊法。

（3）方法。

① 仰卧位，双手拇指从印堂沿眉框至太阳推 1 分钟，揉头维、印堂、太阳、百会各 2 分钟。

② 按人中、膻中、巨阙、中脘、关元各 2 分钟，揉 1 分钟。

③ 按足三里、三阴交各 2 分钟，揉 2 分钟。

④ 俯卧位，按风池、风府各 2 分钟，揉 2 分钟。

⑤ 按心俞、肝俞、脾俞、肾俞各 2 分钟，揉 2 分钟。

⑥ 捏脊。

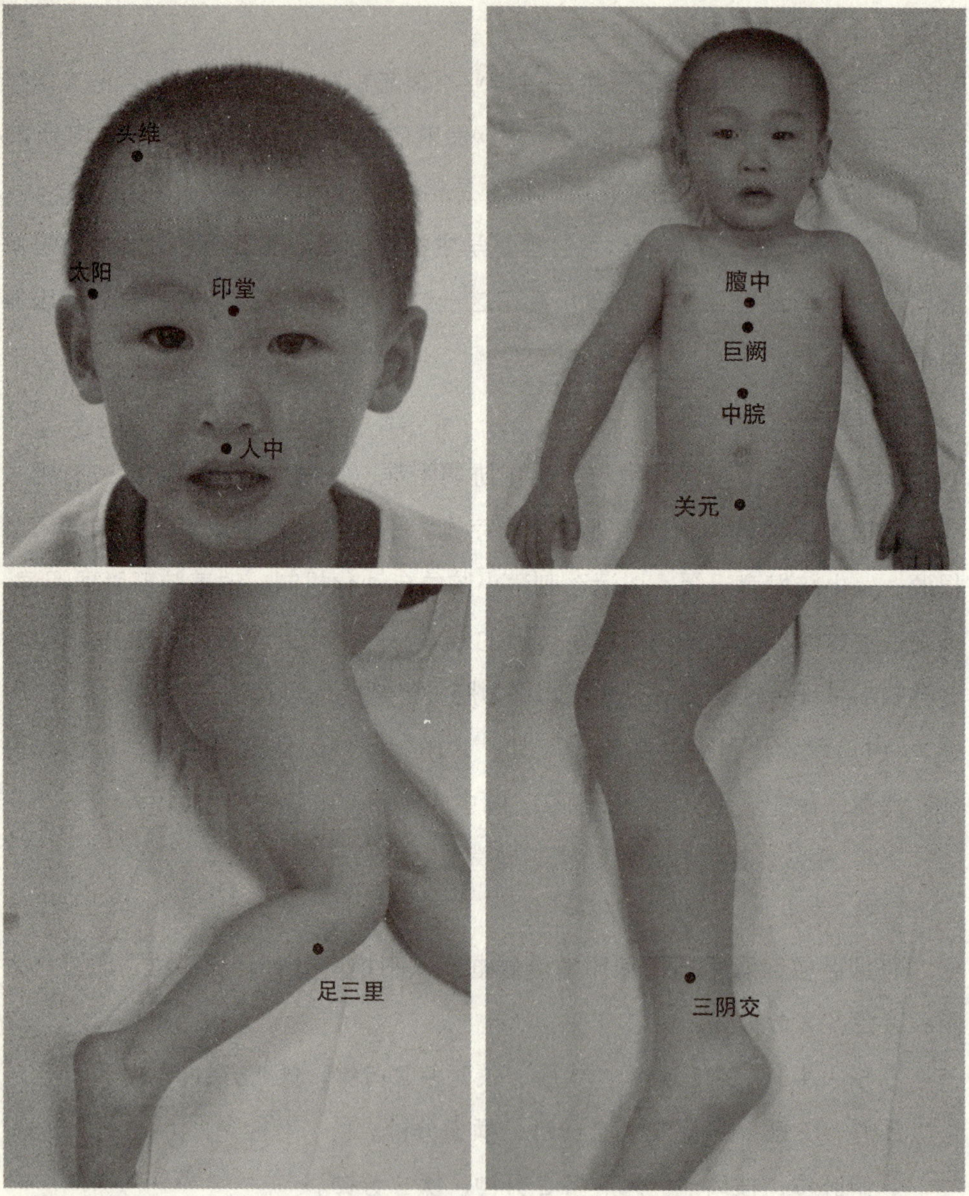
头维
太阳
印堂
人中
膻中
巨阙
中脘
关元
足三里
三阴交

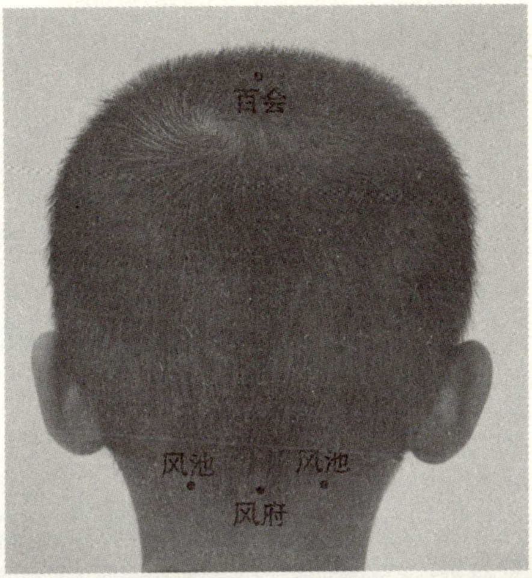
百会
风池
风池
风府

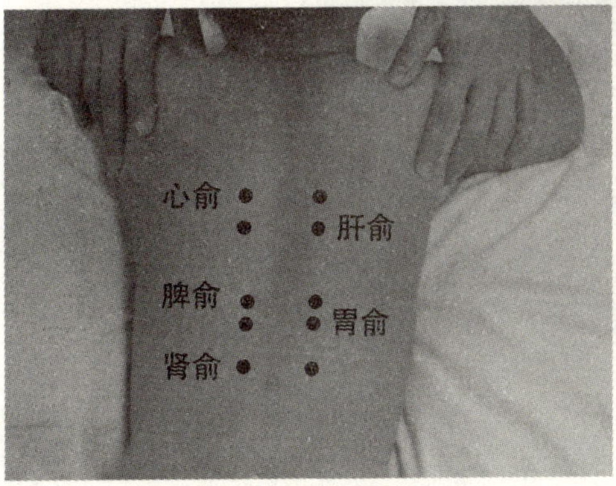
心俞
肝俞
脾俞
胃俞
肾俞

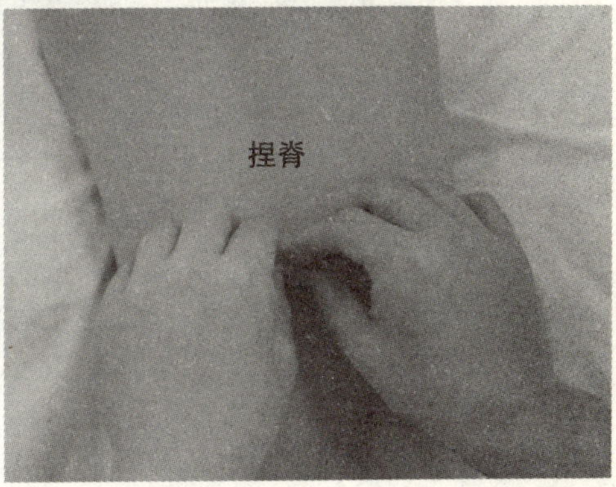
捏脊

好父母必备丛书

《接种疫苗早知道》

《孩子能长多高》

《小胖墩的大苦恼》

《给糖尿病孩子的父母》

《给孩子一口漂亮牙》

《让孩子有双明亮的眼睛》

《做孩子的按摩师》

……

精彩仍在继续……

图书在版编目（CIP）数据

做孩子的按摩师/袁烽，崔立津主编.
—武汉：湖北科学技术出版社，2012.12
（好父母必备丛书）
ISBN 978-7-5352-5221-0

Ⅰ.①做… Ⅱ.①袁… ②崔… Ⅲ.①家庭教育
Ⅳ.①G78

中国版本图书馆 CIP 数据核字（2012）第 243705 号

责任编辑：赵襄玲　　封面设计：戴　旻

出版发行：湖北科学技术出版社　　电话：027-87679468
地　　址：武汉市雄楚大街 268 号　　邮编：430070
（湖北出版文化城 B 座 13-14 层）
网　　址：http://www.hbstp.com.cn

印　　刷：湖北长江印务有限公司　　邮编：431600

700×1000　1/16　　9 印张　　159 千字
2013 年 3 月第 1 版　　2013 年 3 月第 1 次印刷
定价：20.00 元